# Guia Suno
# Fundos Imobiliários

**MARCOS BARONI & DANILO BASTOS**

# Guia Suno Fundos Imobiliários

*Introdução sobre investimentos seguros e rentáveis*

São Paulo | 2019

## SUMÁRIO

# A MISSÃO DA SUNO RESEARCH

A cada geração, uma parte da humanidade se compromete a deixar o mundo um lugar melhor do que encontrou. Esse contingente populacional acredita que, para tanto, é preciso investir em inovações.

Foram as inovações promovidas pela humanidade, ora confundidas com descobertas, ora confundidas com invenções, que nos tiraram da Idade da Pedra e nos colocaram no olho do furacão da Era Digital.

Nos últimos séculos, quase todas as inovações científicas e tecnológicas foram difundidas pelas instituições empresariais, sejam elas privadas ou públicas, sejam elas visando lucros ou não.

Grande parte das empresas que promoveram inovações recorreu ao mercado de capitais para obter financiamentos para os seus projetos. Essa premissa continua válida.

Os países onde os mercados de capitais são mais desenvolvidos concentram também as empresas mais inovadoras do planeta. Nos Estados Unidos, milhões de pessoas investem suas economias nas Bolsas de Valores.

Grande parte dos norte-americanos obtém a independência financeira, ou o planejamento da aposentadoria, associando-se com grandes empresas que movimentam a economia global.

São bombeiros, advogados, professoras, dentistas, zeladores, ou seja, profissionais dos mais variados tipos que se convertem em investidores, atraindo empreendedores de várias origens, que encontram dificuldades de empreender em sua terra natal.

No Brasil, o mercado de capitais ainda é muito pequeno perto de sua capacidade plena. Apenas um por cento da população brasileira economicamente ativa investe por meio da Bolsa de Valores de São Paulo.

A missão da Suno Research é justamente promover a educação financeira de milhares de pequenos e médios investidores em potencial.

Como casa independente de pesquisas em investimentos de renda variável, a Suno quer demonstrar que os brasileiros podem se libertar do sistema público de previdência, fazendo investimentos inteligentes no mercado financeiro.

O brasileiro também pode financiar a inovação, gerando divisas para seu país e se beneficiando dos avanços promovidos pela parceria entre investidores e empreendedores.

O investidor brasileiro em potencial ainda tem receio de operar em Bolsa. Vários são os mitos sobre o mercado de capitais, visto como um ambiente restrito aos especialistas e aos mais endinheirados.

A facilidade para realizar aplicações bancárias – embora pouco rentáveis – e os conflitos de interesse de parte das corretoras de valores, que fornecem análises tendenciosas de investimento visando comissões com transações em excesso, são fatores que também distanciam muita gente do mercado financeiro nacional.

Como agravante, a Suno tem em seu segmento de atuação empresas que fazem um jogo publicitário pesado, oferecendo promessas de enriquecimento que não se comprovam na realidade. Não existe enriquecimento rápido; tal possibilidade ocorre no longo prazo.

Por meio de seus artigos, análises de empresas e fundos imobiliários, vídeos, cursos e agora também livros, a Suno vem para iluminar a relação do brasileiro com o mercado de capitais, que, se não tem a solução para todos os problemas, é parte do esforço da humanidade para deixar este mundo melhor, por meio de investimentos em valores monetários, morais e éticos.

# PREFÁCIO

***Por Tiago Reis*[1]**

Quando a Suno começou suas operações, o mercado financeiro do Brasil contava com cerca de 80 mil investidores em fundos imobiliários e este número caía todos os dias. Em menos de dois anos esse número mais do que dobrou, revertendo a tendência de queda.

Nós, da Suno, juntamente com o professor Arthur Vieira de Moraes, fizemos um esforço homérico para trazer a indústria de volta aos eixos, para ela poder respirar e voltar a crescer. Nossas iniciativas, juntamente com as do Arthur, possuem um caráter educacional, que é justamente o que faltava. Tenho um amigo que diz que fundos imobiliários são tão bons que basta dizer a verdade sobre eles. O problema é que antes não existia uma iniciativa sólida de disseminação de conhecimento para que as pessoas entrassem em contato com os fundos imobiliários.

Sou bem ativo nas redes sociais e vem gente diariamente falar que começou a investir em fundos imobiliários em função dessas iniciativas criadas desde 2016.

Este livro representa mais um marco na educação a respeito de fundos imobiliários. A obra foi escrita a quatro mãos. Seus autores não são apenas bons escritores. São, antes de tudo, investidores entusiastas de fundos imobiliários. Conheço ambos desde antes de a Suno existir.

---

1. Tiago Reis (1985) é formado em Administração de Empresas pela Fundação Getúlio Vargas em São Paulo. Acumula experiências no mercado financeiro desde 2001 e foi sócio-fundador da Set Investimentos. Fundou a Suno Research em outubro de 2016.

O professor Baroni dispensa apresentações: é o maior educador do Brasil no que se refere a fundos imobiliários. Suas *lives* no YouTube impactam milhares de brasileiros todas as semanas. Basta ler os comentários dos vídeos para ver o testemunho de diversos investidores que aprenderam com o mestre. Eu mesmo aprendi com o Baroni: ele foi meu orientador em 2014, quando me interessei pelo segmento.

Danilo Bastos é um aviador e um investidor apaixonado. Sempre foi bastante ativo dentro da pequena comunidade dos aficionados por fundos imobiliários que se criou em grupos de WhatsApp.

Ambos compartilham a sabedoria, a paixão e a prática do dia a dia do investidor. Se, depois de ler esta obra, você não tiver evoluído na sua compreensão de fundos imobiliários, certamente não poderá culpar os autores do livro. São os melhores que poderíamos reunir para escrever sobre este tema.

Este livro foi magistralmente editado pelo genial Jean Tosetto, que escreveu comigo o *Guia Suno Dividendos* e o *Guia Suno de Contabilidade para Investidores*. Ambos se tornaram os livros mais vendidos de suas categorias. Mas as vendas não importam tanto para mim; o que mais importa são as avaliações. E as avaliações foram majoritariamente positivas.

Os fundos imobiliários são como aviões: decolam e quase nenhum cai de maneira trágica. O fato é que, no momento em que escrevo, praticamente todos os fundos imobiliários negociam com lucros expressivos frente aos seus preços de lançamento em Bolsa. Foram excelentes negócios, ao contrário das empresas aéreas.

Temos um investimento vencedor, um time de escritores vencedores e um editor vencedor. Tudo isso fazendo parte da série Guia Suno, que é vencedora. Reunimos todos os ingredientes para fazer de você um investidor vencedor em fundos imobiliários.

# FIIs: INVESTIMENTOS SEGUROS E RENTÁVEIS

Existem duas coisas que o mercado de capitais propicia: ele financia a atividade produtiva, contribuindo para geração de empregos e o desenvolvimento do país. Paralelamente, ele oferece para qualquer indivíduo, com a mínima capacidade de poupança e conhecimento financeiro, opções factíveis para acumulação de patrimônio, geração de renda passiva complementar ou mesmo principal no longo prazo.

Infelizmente, ainda temos muita deficiência de educação básica no Brasil e mais ainda de educação financeira. Cabe a cada um fazer a sua parte para tentar melhorar esse cenário.

Felizmente, vivemos na era da informação e já existe muito material, inclusive gratuito, disponível por aí. Ainda assim, falta material de qualidade sobre educação financeira, sobre investimentos e sobre fundos imobiliários.

Escrever um livro é sempre um grande desafio. Principalmente em coautoria, em que experiências e pontos de vista individuais devem se somar para produzir uma linha de raciocínio que seja eficaz na transmissão de informação e conhecimento.

Nosso objetivo foi organizar informações para proporcionar uma leitura tranquila e de fácil compreensão para leigos ou para os que já possuem alguma experiência no mercado financeiro e, finalmente, transmitir conhecimento e estimulá-los a investirem em fundos de investimentos imobiliários – FIIs. Não traremos detalhes técnicos em excesso, até para não deixar leitura pesada ou mesmo mudar o foco da abordagem.

Para tanto, seguimos uma lógica que o leitor perceberá facilmente, com a apresentação dos conceitos num primeiro momento, sendo comentados em seguida, num expediente válido para reforçar o entendimento e a assimilação das questões mais importantes que todo investidor de fundos imobiliários deve ter em mente para iniciar sua jornada.

***- Os autores***

# I
# INTRODUÇÃO

***Os fundos imobiliários mesclam a segurança associada aos investimentos conservadores em imóveis tradicionais com a rentabilidade que só os melhores ativos do mercado financeiro podem ofertar com previsibilidade e consistência.***

Dizem que o brasileiro tem gosto por investimentos imobiliários. Sobre esse gosto existem diversas teorias. O fato é que, sim, muitos brasileiros investem em propriedades imobiliárias dos mais variados tipos, principalmente para geração de renda passiva.

O investimento em imóveis é algo aparentemente simples de entender. Todo mundo conhece alguém que investe. Imóveis são tradicionalmente bons geradores de renda quando bem localizados e geridos. Além de ter, em tese, alguma proteção contra a inflação no longo prazo, isto é, retorno real e consistente.

É difícil estimar exatamente quantos brasileiros exploram uma unidade imobiliária. Quando pensamos na população de baixa renda, devemos lembrar que alguns desses imóveis nem constam nos cadastros oficiais. Outros, com acesso ao crédito, mas carentes de educação financeira, acabam comprando imóveis financiados e alugando por valores incapazes de cobrir as parcelas do financiamento. Investir diretamente em imóveis não é tão simples assim. Pelo contrário: em muitos casos há de se contratar gestão profissional.

Apesar de tudo, o sonho de ser investidor imobiliário acompanha o brasileiro. Quem pensa em gerar renda passiva, em complemento para a aposentadoria, ou em largar o emprego para curtir a vida, acaba pensando em "ter meia dúzia de casinhas de aluguel".

Da junção do mercado imobiliário com o mercado financeiro, surgiram os fundos imobiliários. Sem dúvida, os fundos imobiliários dão acesso fácil aos melhores imóveis para geração de renda. Infelizmente esse potencial ainda não é tão explorado. No momento em que se publica este livro, temos menos de 400 mil CPFs de investidores de fundos imobiliários cadastrados na Bolsa de Valores. Com certeza esse número poderia ser bem maior, pensando na quantidade de pessoas que investem ou pretendem investir em pequenas propriedades para geração de renda.

Os fundos imobiliários simplificam exponencialmente o investimento em imóveis. Não existe a burocracia da aquisição de um imóvel tradicional e o investimento pode ser feito com pouco dinheiro. Hoje, com menos de R$ 1.000,00 é possível investir em um fundo imobiliário e começar a receber rendimentos proporcionais ao capital investido. Alguns fundos têm cotas negociadas por menos de R$ 100,00.

Não é preciso esperar meses ou anos para acumular o capital necessário para a aquisição de uma pequena propriedade para locação, nem perder tempo correndo atrás de papelada, conversando com corretores e tentando encontrar um imóvel que torne viável seu investimento. Com alguns cliques você se torna sócio de grandes empreendimentos e coloca de imediato seu dinheiro para trabalhar. Uma grande quantia em dinheiro necessária para adquirir qualquer imóvel, quando investida de forma direta, pode ser dividida em diversos fundos e, com isso, diluir riscos.

O reverso da moeda também é verdadeiro – ao não concordar com determinadas posições por parte da gestão de um fundo imobiliário, o investidor, com alguns cliques, encerra a sociedade.

Não estamos falando sobre um sistema de enriquecimento rápido ou prometendo ganhos surreais do dia para a noite. Estamos falando sobre um produto que, se bem estudado, permite a formação de patrimônio e geração de renda de uma maneira mais eficiente do que muitos dos produtos disponíveis para investimento.

Claro que ele tem suas particularidades, vantagens, desvantagens e até riscos. Há tantas particularidades que exige certo estudo e dedicação para investir com eficiência. Não estamos dizendo que seja complexo e difícil lidar com eles, mas apenas que exige dedicação. Fazendo da forma correta, os resultados seguramente serão bons e perenes.

> ***Por vezes, temas que parecem complexos são mais bem compreendidos por meio de analogias. Elas são expedientes didáticos indispensáveis na educação financeira. Ao longo deste guia vamos resgatar alguns dos melhores artigos sobre fundos imobiliários, publicados na seção Fiikipedia do* site *da Suno Research, facilitando e complementando o entendimento dos conceitos aqui abordados.***

## *UMA COTA A CADA CEM TRUFAS*

*Um pai de família precisava ir ao* shopping *para comprar um equipamento de informática para seu escritório e um de seus filhos lhe pediu para comprar umas trufas. Nada sofisticado: eram trufas já bem conhecidas de algumas franquias presentes no mercado brasileiro.*

*Chegando lá, elas estavam sendo vendidas pelo preço de R$ 2,25. Logo ele lembrou que elas custavam R$ 1,50 há bem pouco tempo. Um aumento na ordem de 50% em poucas semanas. Qual a relação disso com os fundos imobiliários?*

*Existem dois exercícios relevantes que devem ser feitos por um investidor ancorado em uma visão sólida de longo prazo. O pri-*

*meiro exercício é avaliar a rentabilidade total – nominal – de sua carteira nos últimos doze meses. A partir daí, busque o percentual acumulado da inflação.*

*Neste momento, você pode usar apenas o IPCA, ou mesmo uma média simples entre IPCA e IGPM. Preferimos a segunda alternativa. Calcule agora sua renda real subtraindo o percentual nominal da inflação – média – acumulada. Pronto!*

*É aí que entra a história das trufas: investir é acumular patrimônio de forma eficiente, vencendo a inflação com consistência ano após ano. Investir é ampliar seu poder de compra. Não basta mantê-lo.*

*Independente da fase de sua vida financeira, por prudência reinvista sempre esta diferença. Você deve enriquecer, seja pela valorização de suas cotas ou pela quantidade a mais que foi acumulada. Não há outro caminho. Acredite: não só as trufas irão mudar os preços pelos próximos anos.*

*Os fundos imobiliários são instrumentos extraordinários para esse tipo de planejamento. Eles te educam por natureza. Está em seu DNA.*

*É relativamente simples enxergar o que é real, o que é nominal e como gerenciar essas distorções no tempo. Se uma cota compra cem trufas hoje, no futuro garanta que seus investimentos consigam comprar cem trufas de alguma forma.*

*Traduzindo para a linguagem dos fundos imobiliários, no caso dos fundos de tijolos, procure selecionar ativos nos quais você consiga visualizar perenidade, e que no futuro essa mesma cota seja capaz de continuar comprando cem ou mais trufas. Já para os fundos de papel, é certo que você irá comprar cem trufas no futuro, porém a quantidade de cotas será maior, sobretudo se você reinvestiu a parte da inflação.*

*Perceba como esse universo todo de investimentos em fundos imo-*

*biliários não é tão linear quanto gostaríamos, não é mesmo? É simples, mas longe de ser simplório. Obviamente, tudo se resumirá à sua disciplina durante o jogo.*

*E por fim, porém não menos importante, o segundo exercício consiste em reavaliar a composição geral de sua carteira de FIIs. É hora de rever suas alocações. Particularmente, pensamos que refletir sobre suas escolhas uma ou duas vezes ao ano é uma medida saudável.*

*Longe de querer ter bola de cristal para o futuro, procure ajustar as velas quando assim for necessário. Sem pressa, sem atropelos, mas com atitude. Lembre-se de que sua vida financeira é finita. Não se engane.*

*Revisões macroestratégicas são importantes, pois acima de tudo ratificam suas escolhas e trazem ainda mais segurança em sua jornada. Simplesmente não fazer nada é também uma alternativa.*

## *DESAFIOS NA VIDA DE UM INVESTIDOR*

### *A arte de investir e reinvestir*

*Todos os investidores que buscam a excelência na alocação de seu capital enfrentam desafios de tempos em tempos. O primeiro grande desafio é justamente vencer o medo de abrir a conta em uma corretora e fazer a primeira TED do banco para lá. Como dá um frio na espinha isso, não é verdade? "Será que estou fazendo a coisa certa?" – é a pergunta que não cala.*

*Você dorme todos os dias pensando na possibilidade de a corretora quebrar e perder seu dinheiro, mesmo sabendo que todos os seus FIIs estão lá, guardadinhos na CBLC. Mas o medo é um dos sentimentos que moveu a humanidade até hoje. Com você não seria diferente.*

*Porém, já no mês seguinte, ao ver o primeiro rendimento entrar na sua conta, logo você já se sente um Mestre Jedi. E é mesmo: você fez algo que menos de 1% da população teve a coragem e, principalmente, o discernimento de fazer. Parabéns pela atitude.*

*O segundo desafio agora é montar uma carteira. Estudos, estudos e mais estudos são necessários. Sim, é doloroso porque você vai errar. E não há problema nisto, sobretudo pelo fato de que o erro faz parte do processo de aprendizagem. Aos poucos, você vai ajustando a carteira ao seu perfil e, como em um passe de mágica, ela estará pronta. Um, dois, três anos? Ninguém sabe, mas você conseguirá chegar a uma carteira final, embora isso não seja 100% definitivo.*

*Todas as carteiras podem ser ajustadas com o tempo. Ajustar as velas faz parte de uma navegação segura, por isso incentivamos o estudo recorrente para que, cada vez mais, você possa ter conforto no momento da decisão de investir, ou não, em qualquer ativo. Claro, suas escolhas têm forte relação com o seu conhecimento. E apenas o seu conhecimento será capaz de mantê-lo no mercado com certa tranquilidade durante esta longa jornada.*

*E agora vem o terceiro desafio: onde devemos reinvestir a renda mensal, ou mesmo o dinheiro novo? Não há fórmula mágica, mas há, sim, estratégias que podem ser usadas. Todo investidor deve criar alguma forma de se guiar em todas as fases da sua vida financeira:*

- *Acumulação*
- *Fruição*
- *Sucessão*

*São métricas colocadas como uma bússola, que num primeiro momento são plenamente alinhadas à sua própria visão do que é certo ou errado. É saudável se ancorar em mecanismos que lhe permitam enxergar o próximo passo; afinal, navegar à deriva é muito desconfortável.*

## Onde reinvestir?

*Sabemos que uma carteira não é, necessariamente, algo plenamente estático. Há de se ajustar as velas ao longo da viagem, mas, claro, não é uma premissa obrigatória válida para todos. De tempos em tempos, o mercado também premia o preguiçoso. Parece estranho afirmar isso, mas é verdade. Simplesmente "comprar e não fazer nada" pode ser, sim, uma boa estratégia.*

*Por outro lado, a diligência com seus investimentos é a escolha mais adequada. Cuidar minimamente de seus recursos pode fazer com que eles fiquem acima da média ao longo de sua vida financeira, pela maior parte do tempo.*

*Uma questão chave é: "OK, montei minha carteira inicial. Onde devo reinvestir?".*

*Primeiro, entenda que em investimentos não existem regras plenas e absolutas. Mesmo não havendo dogmas nessa atividade, todo investidor deveria criar métricas como forma de melhor se orientar e controlar o risco interno da carteira. Por exemplo:*

- *De alocação de FIIs na sua carteira global;*
- *Por FII;*
- *Por setor – corporativo, logístico,* shoppings *e outros;*
- *Mono e multi locatário;*
- *Tipos – tijolo, papel, FOF, desenvolvimento;*
- *Bandas mínimas e máximas.*

*Enfim, há vários parâmetros que podem ser colocados, desde que tragam a devida segurança e conforto para o dia a dia. O teste do travesseiro para o sono tranquilo continua sendo o melhor de todos os controles de riscos.*

*Diante disto, voltamos ao ponto se há alguma forma de criar uma política de reinvestimentos, isto é, como o investidor deve buscar alocar a renda mensal e os novos aportes.*

*As métricas são feitas para serem seguidas. A opção de não tomar decisões com base no que foi proposto é uma maneira de se boicotar. Muitos investidores insistem com a ideia de que a renda de um fundo imobiliário deve ser investida nele mesmo. Porém, essa não é uma premissa a ser seguida.*

*Uma das mágicas de uma carteira de fundos imobiliários é a recorrência da renda, oferecendo ao investidor a possibilidade de alocar o capital nos ativos que estejam mais interessantes no mês, ou no período em que o investidor se propôs a alocar.*

*Por que, então, ignorar um dos pontos mais fortes dos FIIs? A resposta é simples: o reinvestimento deve ser feito nos melhores FIIs do mês, portanto, naqueles que tiverem uma renda projetada melhor.*

*Você já tem uma carteira formada, portanto presume-se que os ativos ali presentes estão aptos a receber capital, correto? Mais renda, mais juros compostos. Um círculo virtuoso que funciona há dezenas de anos. Portanto, tenha um controle mínimo de riscos e métricas. Siga seu plano.*

# II
# ENTENDENDO OS FUNDOS IMOBILIÁRIOS

***Relativamente novos na Bolsa de São Paulo – ainda permitindo aos investidores colherem os benefícios reservados aos pioneiros –, os fundos imobiliários democratizam o acesso de pessoas comuns às melhores oportunidades que os mercados imobiliário e financeiro podem oferecer.***

Que tal investir em imóveis e obter uma renda passiva por meio de aluguéis? Essa renda pode complementar seu salário, sua aposentadoria ou levar você a uma possível independência financeira. Imagine ser sócio de escritórios de alto padrão, lojas em *shoppings* nas melhores localizações do país, *flats*, lojas de rua e agências bancárias. Imagine receber, mensalmente, rendimentos em sua conta, provenientes do aluguel, sem se preocupar com a gestão desses imóveis e com toda a burocracia que envolve a administração desse tipo de ativo. Saiba que isso é possível: mesmo quem tem pouco dinheiro pode investir em imóveis por meio de fundos imobiliários.

Mas, afinal, o que é um fundo imobiliário? Vamos supor que você disponha de R$ 200 mil para investir e sua intenção seja comprar um imóvel que gere renda. Com esse dinheiro, você não terá muitas opções. Você encontrará apenas casas ou apartamentos simples, em bairros periféricos. Imóveis de pequeno porte são alugados para pessoas físicas ou pessoas jurídicas de pequeno porte, muitas vezes com limitações financeiras, num cenário de crescente competição, no qual as coisas estão cada vez mais caras. Isso aumenta a possibilidade de atrasos no pagamento.

Agora, imagine que, para ter acesso a um imóvel melhor, você convide um amigo, que disponha de mais R$ 200 mil para investir com você. Assim o leque de opções aumenta um pouco. Juntos vocês poderão ter acesso a imóveis melhores. Talvez, com esse dinheiro, seja possível comprar um pequeno escritório, que pode ser alugado para um médico ou um advogado, com melhor taxa de retorno e menores riscos de inadimplência.

Ou, ainda, pensando em diversificação, vocês poderiam comprar duas casas simples e, dessa forma, diluir os riscos como vacância e inadimplência. Se, além do seu amigo, você conseguir mais duas pessoas com mais R$ 200 mil cada uma, agora, vocês terão juntado R$ 800 mil. E obviamente, com mais dinheiro, suas opções aumentam muito, tanto em qualidade de imóveis e, consequentemente, de inquilinos, quanto na diluição dos riscos associados ao investimento imobiliário. Em investimentos, também é extremamente válido aquele ditado que diz que a união faz a força.

É assim que funcionam os fundos imobiliários. Eles reúnem investidores, de forma organizada, profissional e transparente, com o propósito de aplicar seus recursos em negócios imobiliários, a fim de terem acesso a melhores opções de investimento do que teriam se investissem de forma isolada.

Todo o processo de investimento que o fundo realiza pode e deve ser acompanhado pelo investidor por meio de relatórios periodicamente emitidos pelo administrador. Por fim, tudo é fiscalizado e regulamentado pela CVM – Comissão de Valores Mobiliários.

Em linhas gerais, o pequeno investidor não consegue comprar imóveis de alto padrão. Eles ficam restritos, devido a limitações financeiras, a pequenos imóveis residenciais, salas comerciais ou *flats*. Porém, ao adquirir uma cota de um fundo imobiliário, qualquer pessoa passa, imediatamente, a ser coproprietária de imóveis de alto padrão ou, dependendo do tipo de fundo, passa a ser credora de recebíveis imobiliários aos quais geralmente apenas investidores qualificados, com grande patrimônio, têm acesso.

Quando o fundo recebe os aluguéis dos imóveis ou fluxo dos investimentos que possui, ele repassa esse dinheiro aos investidores. Vale mencionar que o fato de possuir cotas de determinado fundo não autoriza o investidor a ter direitos reais sobre os imóveis do fundo. Isso é, caso algum investidor pretenda utilizar qualquer dos imóveis, ele deve remunerar o fundo, como faria qualquer inquilino. Os imóveis pertencem ao fundo e o fundo, de forma pulverizada, aos cotistas investidores.

Em função da praticidade e da facilidade de realizar o investimento, é possível afirmar que o desejo de muitos de construir patrimônio em imóveis e renda passiva, por meio do aluguel, encontra aqui uma grande possibilidade de realização.

## Passado e futuro

Os fundos imobiliários foram introduzidos no Brasil em 1993 pela Lei nº 8.668/93 e inicialmente regulados pela instrução 205/94 da CVM. No momento da publicação deste livro, a instrução mais recente a tratar de fundos imobiliários era a 472, atualizada pela instrução 571.

### Evolução da legislação-base:

1993 – Lei nº 8.668: instituição dos fundos imobiliários.

1994 – Instrução CVM 205: regulamentação da constituição, do funcionamento e da administração dos fundos imobiliários. Instrução CVM 206: regulamentação das normas contábeis aplicáveis aos fundos imobiliários.

1997 – Lei nº 9.514: criação do SFI – Sistema de Financiamento Imobiliário, das securitizadoras imobiliárias e dos CRIs – Certificados de Recebíveis Imobiliários.

1999 – Lei nº 9.779: regras de distribuição e tributação, com retenção de imposto na fonte para aplicações fim.

2004 – Lei nº 11.033: isenção de imposto sobre o rendimento de CRIs, LHs (Letras Hipotecárias) e LCIs (Letras de Crédito Imobiliário).

2005 – Lei nº 11.196: isenção de imposto de renda sobre o rendimento de fundos imobiliários para pessoas físicas.

2008 – Instrução CVM 472: atualização da legislação de fundos imobiliários. Ampliação das bases de investimento (CRIs, LHs, LCIs e cotas).

2009 – Lei nº 12.024: isenção de imposto de renda para aplicações de fundos imobiliários em CRIs, LHs, LCIs e cotas de fundos imobiliários.

2011 – Instrução CVM 516: elaboração e divulgação das demonstrações financeiras dos fundos imobiliários.

2015 – Instrução CVM 571: atualização da instrução 472, com ampliação e melhora das informações aos cotistas e quórum de assembleia.

Apesar dos mais de vinte anos da lei que introduziu os fundos imobiliários no mercado brasileiro, e do desenvolvimento consistente que eles vêm apresentando, os fundos imobiliários ainda são relativamente pouco explorados e divulgados por aqui. O lançamento do primeiro fundo ocorreu em 1994, com foco em investidores institucionais. Pessoas físicas começaram a ingressar timidamente nesse mercado por volta do ano 2000 e de forma mais consistente após 2006, principalmente em razão da isenção de imposto de renda sobre os rendimentos para pessoas físicas.

De forma simplória, para fins de exemplificação, poderíamos dividir esse desenvolvimento em quatro fases:

**Primeira fase, a partir de 1993:** logo após a instituição dos fundos imobiliários, apenas grandes investidores institucionais foram atraídos. Ocorreu um desvio da finalidade, que era atrair pequenos investidores pessoas físicas.

**Segunda fase, a partir de 1999:** começou após melhor definição das regras de distribuição. Investidores pessoa física começaram a ser atraídos. Lançamento de fundos menores, com apenas um imóvel.

**Terceira fase, a partir de 2006:** após a lei que isentou os rendimentos para pessoas físicas, criada no ano anterior. Os fundos maiores, com vários imóveis, focados em um segmento específico – escritórios, *shoppings* ou galpões –, mais semelhantes aos fundos norte-americanos, começaram a ser estruturados. Maior crescimento em número de investidores e opções de investimento.

**Quarta fase, a partir de 2009:** ampliação das possibilidades de investimentos para os fundos imobiliários, que passaram a investir em títulos de dívida, com isenção fiscal. Surgimento dos fundos de fundos e fundos que investem em títulos.

Ao comparar o mercado brasileiro com o mercado dos Estados Unidos, ou com outros que existem há mais tempo, é possível vislumbrar o nível de evolução e desenvolvimento que ainda podemos ter. Hoje essa maneira de investir em imóveis está presente em mais de 40 países. Os EUA, onde eles surgiram primeiro, têm o mercado mais desenvolvido e consolidado do mundo, mas os fundos imobiliários também possuem forte presença na Europa e Ásia.

Os fundos imobiliários são bem semelhantes em todas as nações nas quais estão inseridos, com apenas algumas diferenças nas leis que os regulam em cada país. A razão principal de esse tipo de ativo existir é facilitar o acesso ao investimento em imóveis de primeira linha aos pequenos investidores e, por isso, em todo o mundo, a maioria dos fundos investe em imóveis tradicionais comerciais e até mesmo em residências.

O investimento em recebíveis imobiliários, permitido no Brasil e também nos Estados Unidos, não é autorizado em todos os países. Nosso modelo de fundo imobiliário veio do norte-americano, os *REITS – Real Estate Investment Trusts,* como são conhecidos por lá. Mas não são cópias idênticas.

A consolidação e o reconhecimento que os fundos imobiliários vêm obtendo em todo o mundo, principalmente como excelentes geradores de renda, são um bom indicativo da seriedade desse tipo de ativo financeiro. Apesar de se comentar mais sobre fundos imobiliários ultimamente, eles não devem ser encarados como modismos ou "bola da vez", e sim como um ativo que pode oferecer inúmeras vantagens para o investidor que souber lidar com eles.

Investir dinheiro no Brasil sempre foi algo relativamente fácil devido às taxas exorbitantes de juros praticadas aqui. De forma simples, não só investidores brasileiros, mas estrangeiros inclusive, ganharam e ainda ganham muito dinheiro fácil com investimentos em renda fixa. Porém, a possibilidade de reduções na taxa básica de juros induz a todos que querem investir dinheiro a buscar melhores alternativas de investimento, e muitos estão olhando com atenção para os fundos imobiliários.

Ainda há muita margem para desenvolvimento desse mercado. Os investidores estão aprendendo, os analistas estão se especializando e até os gestores, que vieram em grande parte do mercado financeiro, também estão cada vez mais especializados no mercado imobiliário. Hoje temos excelentes profissionais atuando no setor. Parte da evolução do mercado de fundos imobiliários deve vir principalmente do grande ativismo que os investidores pessoa física vêm praticando.

Outros fatores, como o desenvolvimento econômico, o déficit imobiliário e a natural aderência do brasileiro a produtos com lastro real, considerando ainda a proteção que esses ativos, em tese, oferecem contra a inflação, trazem boas perspectivas para o contínuo desenvolvimento desse mercado.

## O receio de um novo tipo de investimento

Novos produtos financeiros trazem sempre mais opções de investimentos e possibilidade de adaptá-los ao perfil e objetivo de cada investidor. Porém, o desconhecimento sobre novos produtos pode trazer grandes dúvidas, ser perigoso e levar o pequeno investidor sem conhecimento e orientação a investir de forma pouco apropriada e, com isso, vir a perder dinheiro.

Infelizmente, não só no Brasil, mas também em grande parte dos países mais desenvolvidos, a educação financeira tem sido um problema sério. As instituições de ensino tradicionais não preparam o aluno para lidar com dinheiro: elas o preparam simplesmente para trabalhar por ele.

Muitos dos melhores alunos, ao terminarem o ensino médio, possuem um vasto conhecimento em Matemática, Física, Geografia, História, Química, entre outras disciplinas, mas, se precisarem comprar um aparelho de televisão ou um tênis de forma parcelada, muitos não saberão como calcular, por exemplo, quanto estarão pagando de juros. Eles não fazem a menor ideia de como proteger seu dinheiro da inflação, quando sabem o que é inflação – o que é um absurdo para um país com um histórico como o nosso –, e muito menos como realizar bons investimentos.

Com os egressos do ensino superior, não é diferente. Você passa algum tempo na faculdade e, ao concluí-la, a não ser que você tenha estudado algo ligado à área financeira, você será mais um leigo quando se trata de dinheiro. Poderá ter dificuldades com o seu planejamento financeiro pessoal e, caso consiga poupar uma parte do seu salário, não saberá onde colocar esse dinheiro.

Tomara que você não peça conselhos ao seu melhor amigo, que pode ser tão leigo quanto você ou, ainda, ao seu gerente de banco, que sempre irá lhe oferecer as melhores opções, mas talvez elas não sejam as melhores para você, e sim para ele atingir metas para o banco ganhar dinheiro. Portanto, procure se informar: a sua educação financeira depende de você.

O investimento em imóvel é algo simples de ser compreendido. Você compra uma casa e aluga. O aluguel cai na sua conta e o seu imóvel tende a valorizar com o tempo – mas pode ser que isso não ocorra. Qual a dificuldade nisso? Nenhuma, certo? Qualquer um, mesmo sem muita instrução, pode fazer isso. Esse é mais um dos motivos que atraem o pequeno e médio investidor para o investimento imobiliário. O mecanismo de investimento em fundos imobiliários é o mesmo. Você compra cotas do fundo e ele investe em imóveis, mas não só em imóveis, recebe os aluguéis e eventuais proventos de outras aplicações e distribui a maior parte desse dinheiro, inclusive na sua conta, na proporção da sua participação no fundo.

Os fundos imobiliários, por terem suas cotas negociadas em Bolsa de Valores, assustam muita gente simplesmente pela menção do termo "Bolsa de Valores", principalmente os que já perderam dinheiro ou os que conhecem alguém que já perdeu nesse ambiente.

A grande maioria perde na Bolsa por não saber o que está fazendo. São pessoas que investem em emoções e informações pouco confiáveis, que existem aos montes por aí. O investimento em ativos financeiros é algo sério e muitos estão ganhando dinheiro com isso, mesmo sem serem investidores profissionais. Mas não confunda cotas de fundo imobiliário com ações. Cotas de fundos imobiliários não são ações e não possuem a mesma volatilidade que as ações possuem. Cotas de fundos imobiliários são apenas mais um produto negociado em Bolsa de Valores. Procure enxergar isso como um ponto positivo pela praticidade que elas proporcionam. Não se iniba, siga em frente e, aos poucos, vá trocando o seu receio por conhecimento.

## Quais as vantagens para o investidor?

Um fundo imobiliário é a fusão do investimento tradicional em imóveis com o mercado de capitais. Essa fusão trouxe diversos benefícios ao investidor, principalmente ao pequeno e médio. Alguns desses benefícios são:

- Acesso a imóveis de primeira linha;
- Poder investir em imóveis com pouco dinheiro;
- Acesso a inquilinos de primeira linha;
- Grande possibilidade de diversificação;
- Extrema simplificação;
- Fracionamento;
- Liquidez.

Outra grande vantagem dos fundos imobiliários é a isenção fiscal sobre o aluguel recebido, de acordo com algumas condições. Todas essas vantagens serão mais bem analisadas e comparadas ao investimento tradicional em imóveis mais adiante. Por hora, veja o investimento em fundos imobiliários como mais uma alternativa de investir em imóveis, além das tradicionais, como o investimento direto via pessoa física ou via pessoa jurídica.

Todos esses benefícios são aproveitados com a praticidade do investimento no mercado financeiro. Como as cotas são negociadas em Bolsa de Valores, você investe em fundos imobiliários a partir do seu computador, no conforto da sua casa. Você não tem que sair por aí procurando imóveis, conversando com corretores, visitando imobiliárias e perdendo um tempo precioso para comprar imóveis de segunda linha.

Não só a compra ou, posteriormente, a venda das cotas pode ser feita do seu computador, mas toda a pesquisa e seleção do que comprar também podem ser feitas dessa forma. E isso é uma grande vantagem. Muitos dos que conseguem poupar querem procurar formas de investir e colocar o dinheiro para trabalhar, mas acabam desistindo justamente pela falta de tempo e conhecimento.

Não é uma tarefa fácil desenvolver qualquer atividade paralela à sua atividade profissional principal. Devido à correria do cotidiano, as pessoas têm dificuldade até para levar uma vida pessoal satisfatória. Dessa forma, o mercado de capitais surge como uma alternativa a investimentos tradicionais ou ainda a atividades paralelas convencionais. Dentro do mercado de capitais, os fundos imobiliários surgem como uma alternativa ao investimento convencional em imóveis.

Essas vantagens citadas anteriormente são em relação ao investimento imobiliário tradicional. Mas existe ainda outra vantagem, algo que sai na frente da grande maioria dos investimentos: o fluxo de caixa. Fundos imobiliários pagam mensalmente – a lei permite pagamento semestral, mas não é o que acontece com a grande maioria dos fundos – aos investidores e têm um altíssimo *payout*, ou seja, a porcentagem do lucro líquido distribuído aos cotistas.

Fundos imobiliários devem distribuir no mínimo 95% do lucro

semestral. Nem mesmo as ações tidas como boas pagadoras de dividendos distribuem um percentual tão alto do lucro, por tanto tempo e com a mesma periodicidade dos fundos imobiliários.

Isso dá ao investidor o controle sobre o fluxo de caixa e a opção de reinvestir de imediato o dinheiro recebido onde bem entender, sem consumir o capital principal, que continua investido e vai dar a ele mais dinheiro no mês seguinte.

## Compra e venda de cotas

Quais são as portas de entrada e saída desse tipo de investimento? Isto é, como eu posso adquirir ou me desfazer das cotas para ter meu dinheiro de volta?

Primeiramente, é importante entender que um fundo imobiliário é negociado em cotas. Uma cota é uma fração, ou seja, um pedaço do fundo. Como já mencionado, cotas de fundos imobiliários são negociadas em Bolsa de Valores.

Cada cota possui um código de negociação representado por quatro letras, que significam o nome do fundo, seguidas do número 11, que representa os fundos imobiliários e, quando aplicável, a letra B, informando que a negociação ocorre em mercado de balcão organizado – o que, na prática, não muda nada de relevante para o investidor. Veja o exemplo do código de negociação de dois fundos:

- Tower Bridge Corporate – TBOF11;
- BB Fundo de Investimento Imobiliário Progressivo – BBFI11B.

Ser negociado em Bolsa de Valores é um benefício notável. Isso torna a negociação muito mais prática. Atualmente, um *home broker* – sistema que permite a negociação de ativos em Bolsa de Valores via computador pessoal – é tão eficiente e autoexplicativo quanto o seu *home banking*.

Ter acesso a um sistema desses é fácil: basta realizar um cadastro em uma corretora de valores. Realizar esse cadastro e possuir uma conta em uma corretora é um processo semelhante ao de abrir uma conta em um banco. Alguns documentos serão exigidos e fichas podem ser preenchidas. É um processo predominantemente *online*.

Provavelmente, seu banco também possui uma corretora de valores. Abrir a conta na corretora do seu banco pode ser menos burocrático do que em outra. Mas saiba que existem dezenas de corretoras por aí e, assim como bancos, cada uma oferece um tipo de serviço, de qualidades e preços diferentes.

Se quiser, você pode realizar uma boa pesquisa para saber qual delas se adequa melhor ao seu perfil. Um dos critérios que mais tem sido cobrado por investidores é se a corretora oferece aplicativo para celular que permita real interação com o mercado.

E, mesmo assim, se não estiver satisfeito com a sua corretora, você também pode abrir uma conta em outra e transferir seus recursos.

Mas não se preocupe tanto com isso: mudar de corretora é tão simples que, provavelmente, você irá mudar algumas vezes ao longo da sua vida como investidor.

Dedique a maior parte do seu tempo à seleção dos ativos em que irá investir e não da corretora por meio da qual irá investir. Tenha em mente que corretoras ganham com corretagem. Portanto, é comum encontrar algumas que sugerem intensivamente, por vezes até de forma inconveniente, que você negocie seus ativos, sem se importar se você irá ganhar com essa negociação. Por isso, é muito importante ter conhecimento sobre aquilo em que você está investindo seu dinheiro.

Nos fundos imobiliários, não existe o resgate de cotas. Você não pode simplesmente ligar para a corretora ou solicitar via computador o seu dinheiro ou parte dele, como faria em um fundo de ações ou renda fixa do seu banco.

Para se livrar das cotas, você tem que vender para alguém e, para comprar, você tem que comprar de alguém, da mesma forma e com a mesma simplicidade que você vende ou compra ações via *home broker*.

É muito mais fácil e rápido vender uma cota de fundo imobiliário do que um imóvel físico tradicional, mas pode ser um pouco mais demorado do que vender ações, principalmente se for um grande volume.

## Em que um fundo imobiliário pode investir?

No Brasil, fundos imobiliários podem investir em empreendimentos imobiliários representados por quaisquer direitos reais sobre bens imóveis e títulos de renda fixa e variável lastreados em ativos imobiliários.

Em outras palavras, são imóveis para locação ou venda que podem ser adquiridos ou construídos pelo fundo, recebíveis imobiliários ou cotas de outros fundos.

De acordo com o principal tipo de investimento que realizam, os fundos imobiliários recebem a classificação informal de fundos de tijolo, fundos de desenvolvimento imobiliário, fundos de papel ou fundos de fundos.

Para prover transparência aos investidores e possibilitar melhor definição das estratégias e do risco dos produtos, a ANBIMA – Associação Brasileira das Entidades dos Mercados Financeiros e de Capitais – classifica os fundos imobiliários quanto ao objetivo e à gestão da seguinte forma:

Objetivo

- **Desenvolvimento para renda:** fundos que investem acima de dois terços do seu patrimônio líquido em desenvolvimento ou incorporação de empreendimentos imobiliários, em fase de projeto ou construção, para fins de geração de renda com locação ou arrendamento.
- **Desenvolvimento para venda:** fundos que investem acima de dois terços do seu patrimônio líquido em desenvolvimento de empreendimentos imobiliários em fase de projeto ou construção, para fins de alienação futura a terceiros.
- **Renda:** fundos que investem acima de dois terços do seu patrimônio líquido em empreendimentos imobiliários construídos, para fins de geração de renda com locação ou arrendamento.
- **Títulos e valores mobiliários:** fundos que investem acima de dois terços do seu patrimônio líquido em títulos e valores mobiliários como LCIs, CRIs, ações ou cotas de empresas, e sociedades do setor imobiliário, FIPs e FIDCs.
- **Híbridos:** fundos cuja estratégia de investimento não observa nenhuma concentração das classificações anteriores.

Gestão

- **Passiva:** fundos que especificam em seus regulamentos o imóvel ou o conjunto de imóveis que comporão sua carteira de investimento ou aqueles que têm por objetivo acompanhar um indicador do setor.
- **Ativa:** todos os fundos que não seguem os critérios da gestão passiva.

O tipo do fundo será definido pelo seu objetivo e por sua gestão, e isso deve vir especificado no seu prospecto, juntamente com o segmento de atuação. As opções de segmento são: agências bancárias, educacionais, hospital, hotel, lajes corporativas, logístico, residenciais e *shoppings*.

Para se enquadrar em cada um desses itens, o fundo deve investir dois terços do patrimônio líquido nesses tipos de imóveis. Aqueles que investem em mais de um segmento são considerados híbridos e os que não se enquadram nos segmentos citados acima são representados pela opção "Outros".

## Qual tipo de fundo é o melhor?

Dentre os tipos de fundos existentes, qual deles é o melhor para se investir? Essa pergunta é extremamente simples de responder, mas primeiro depende da resposta a outra pergunta que você deverá fazer a si mesmo:

– *Qual é a sua estratégia de investimento?*

Não estamos falando do seu objetivo, que provavelmente deverá ser algo como ganhar dinheiro, acumular patrimônio e obter renda, mas qual o seu plano para chegar lá? Você não deve simplesmente sair comprando tudo o que vir pela frente. Deverá primeiramente elaborar uma estratégia de investimento e comprar ativos que possibilitem o desenvolvimento dessa estratégia. Basicamente, por meio de fundos imobiliários, você terá acesso a alguns títulos de dívida que são restritos aos investidores qualificados ou terá acesso ao investimento em imóveis de alto padrão.

A utilização dos fundos imobiliários para investimento em imóveis reais, buscando a geração de renda passiva, é a mais comum e possui uma série de vantagens e também algumas desvantagens.

A simples diversificação sem critérios também deve ser evitada: ela deve ser executada sempre dentro de uma estratégia de investimentos. Ter uma estratégia e ser fiel a ela, só a alterando ao ter certeza de que encontrou uma melhor, é o que fará com que você não corra o risco de deixar de seguir a razão e ir atrás de suas emoções em momentos de alta volatilidade do mercado ou de crises financeiras. Provavelmente, se você não passou por uma, você ainda passará.

Você já ouviu falar em "efeito manada"? Esse efeito ocorre quando um investidor, ao invés de tomar decisões racionais, acaba fazendo o que a maioria está fazendo. É um comportamento natural do ser humano, principalmente em um momento de tensão – o que ocorre com leigos em momentos de alta volatilidade do mercado. Por isso, defina uma estratégia de investimento que atenda os critérios necessários para alcançar seus objetivos pessoais e seja fiel a essa estratégia.

Recomendamos que os investidores reavaliem, ao menos a cada semestre, todos os fundos imobiliários de sua carteira, relendo os últimos relatórios e se comunicando com os gestores para constatar o alinhamento frente aos ativos do portfólio: revalidar premissas é fundamental para uma estratégia firme e consistente.

Anualmente, a reavaliação da carteira deve ser macroestratégica, direcionando os recursos para ativos – e setores – que estejam em melhores posições diante das alternativas do mercado. Obviamente, o investidor não precisa se tornar um especialista de mercado e tampouco deve tentar prever o futuro. No entanto, uma simples contextualização dos ativos dentro do cenário global já é suficiente para aumentar as chances de ter um retorno acima da média.

## Fundo imobiliário é renda fixa ou variável?

Essa é uma dúvida comum de quem está começando nesse tipo de investimento. Mas é uma questão simples de ser respondida. Antes de tudo, vamos a uma breve definição do que é renda fixa e do que é renda variável.

Renda fixa é o tipo de investimento no qual é possível dimensionar a renda na hora da aplicação, e renda variável é aquele tipo de investimento em que não é possível dimensionar essa renda.

Muitos acreditam que os fundos imobiliários são ativos de renda fixa. Achar isso é comum porque alguns distribuem um rendimento relativamente constante. Mas um fundo imobiliário pode variar na distribuição do rendimento em função de diversos fatores, como vacância em alguns imóveis, inadimplência, reajustes positivos ou até negativos nos contratos de aluguel, e pode, ainda, variar o valor da cota em função da gestão do fundo, oferta e demanda, e até em função de qualquer insanidade do mercado financeiro.

O preço da cota, quando falamos de fundos que investem em cotas de outros fundos, pode influenciar na renda distribuída pelos ativos presentes internamente. Todos esses fatores, dentre vários outros, fazem com que não seja possível dimensionar a renda dos fundos imobiliários na hora do investimento e, por isso, eles são ativos de renda variável.

A variação da renda em ativos de renda variável não é algo necessariamente ruim e nem é possível afirmar, apenas em função dessa variação, que ativos de renda variável são melhores ou piores dos que os de renda fixa. Tudo irá depender do perfil, dos objetivos e das estratégias, mas, acima de tudo, do conhecimento adquirido pelo investidor em relação aos ativos.

## Quem toma conta de tudo?

Quando você investe em imóveis por meio da aquisição de cotas de fundos imobiliários, está entregando o seu dinheiro nas mãos de alguém. É claro que você pode e deve fiscalizar a gestão do seu patrimônio pelos meios cabíveis.

Simplesmente entregar o seu suado dinheiro nas mãos de outros, e não acompanhar, compreender e concordar com o que está sendo feito, não é algo muito inteligente.

Todo fundo possui um administrador responsável, que deverá exercer sua atividade conforme o regulamento do fundo. Cabe ao administrador o fornecimento de informações aos cotistas e ao órgão fiscalizador.

O órgão governamental responsável pela regulamentação e fiscalização dos fundos imobiliários é a CVM – Comissão de Valores Mobiliários. A CVM é vinculada ao Ministério da Fazenda e tem como atribuição disciplinar, normatizar e fiscalizar o funcionamento do mercado de valores mobiliários e a atuação de seus protagonistas. Seu poder de normatização é abrangente e engloba todas as matérias referentes ao mercado.

Não é qualquer instituição que pode administrar um fundo de investimento imobiliário. De acordo com a própria CVM, somente poderão atuar como administradores desse tipo de fundo os bancos múltiplos com carteira de investimento ou carteira de crédito imobiliário, bancos de investimento, sociedades corretoras ou sociedades distribuidoras de valores mobiliários, sociedades de crédito imobiliário, caixas econômicas, além de associações de poupança e empréstimo.

A instituição financeira que administra o fundo tem propriedade fiduciária sobre os ativos do fundo e é responsável por tudo o que acontece com ele. Ela empresta sua personalidade jurídica ao fundo, pois o fundo não tem personalidade jurídica própria. O patrimônio do fundo não se comunica com o da instituição, por isso uma eventual falência da instituição financeira não compromete o patrimônio do fundo.

O administrador deverá manter informados os cotistas, o mercado em geral e o órgão fiscalizador. As seguintes informações deverão ser divulgadas pelo administrador:

- Balanço Patrimonial;
- Demonstração do Resultado;
- Demonstração do Fluxo de Caixa;
- Demonstração de mutações no Patrimônio Líquido;
- Parecer do auditor independente;
- Relatório do representante dos cotistas.

A fim de evitar fraudes, todas as informações fornecidas pelo administrador do fundo são auditadas por um agente independente autorizado pela CVM. Após a divulgação das demonstrações financeiras, o auditor emitirá um parecer a respeito do seu trabalho de auditoria.

Caso o investidor tenha qualquer dúvida sobre as informações divulgadas pelo administrador, deverá contatá-lo e solicitar esclarecimentos. O administrador tem o dever de esclarecer as dúvidas dos cotistas e do mercado em geral.

Um caminho para o investidor acompanhar e influenciar na gestão do seu patrimônio é por meio da assembleia geral dos cotistas. A assembleia geral é uma reunião dos cotistas a fim de deliberar sobre as contas relativas ao fundo, demonstrações financeiras apresentadas pelo administrador, destituição ou substituição do administrador, emissão de novas cotas, fusão, incorporação, cisão, dissolução, liquidação, decisões que envolvam conflito de interesses, mudanças na política de investimentos, eleição ou, ainda, destituição de representante dos cotistas, entre outros assuntos.

Observe que algumas decisões tomadas pela assembleia são extremamente relevantes para o fundo. Tais decisões não podem ser tomadas pela maioria simples de cotistas presentes: é necessário haver um número mínimo de cotistas que representem 25% das cotas para fundos com mais de 100 cotistas ou 50% das cotas para fundos com menos de 100 cotistas. Isso é chamado de quórum qualificado.

Em uma assembleia, o voto de cada cotista tem o peso proporcional à quantidade de cotas que possui. Cotistas que detenham no mínimo 3% do total de cotas ou os seus representantes podem solicitar a inclusão de pautas em assembleia, e cotistas que detenham no mínimo 5% do total de cotas ou os seus representantes podem convocar uma assembleia.

É fundamental que o cotista participe das assembleias, cobre e questione o administrador e, caso não possa participar, esteja sempre atento às decisões que lá foram tomadas.

Ainda de acordo com a CVM, os cotistas têm o direito de receber a remuneração proporcionada pelo fundo, nos termos do respectivo regulamento, participar e votar na assembleia geral de cotistas, e exercer a função de representante dos cotistas para acompanhar e fiscalizar a gestão do fundo.

Dentro da estrutura administrativa do fundo, atuando como um prestador de serviços, existe o gestor de investimentos. Ele toma as decisões de investimento de acordo com o regulamento do fundo.

Lembre-se de que o administrador é uma instituição financeira e não necessariamente uma instituição financeira tem conhecimento e experiência para gerenciar imóveis, por isso o gestor é importante.

O gestor tem poderes para negociar, em nome do fundo de investimento, os seus ativos financeiros e exercer o direito de voto decorrente dos ativos detidos por ele. A competência nas tomadas de decisão do gestor terá um peso importante na rentabilidade do fundo. Vale lembrar que só em fundos ativos o gestor pode realizar a venda de um imóvel sem consultar os cotistas. Nos de gestão passiva, isso não é permitido.

A fim de ampliar ainda mais a proximidade com cotistas e mercado em geral, alguns gestores têm mantido uma prática recorrente de apresentações trimestrais de seus resultados por meio de *webcasts*, isto é, transmissões ao vivo pela internet em que há, inclusive, interação com os participantes com perguntas e respostas. Esse mecanismo tem aumentado ainda mais a transparência, além de deixar clara a própria estratégia do fundo.

Cabe reforçar que toda a estrutura administrativa de um fundo imobiliário tem um custo para o cotista, geralmente cobrada por meio de uma taxa sobre o patrimônio líquido do fundo ou sobre o valor de mercado. Fundos que participam de algum índice da Bolsa, como o IFIX, têm a cobrança sobre o valor de mercado, exceto quando decidido de outra forma pela assembleia de cotistas. Ainda é possível que a cobrança seja realizada de outras maneiras, como sobre a receita total e, até mesmo, sobre o rendimento distribuído.

Obviamente, a cobrança não será de todas essas formas, e sim de uma delas. Existe ainda uma taxa não tão comum, mas possível, chamada taxa de *performance*.

A taxa de *performance*, quando ocorre, é cobrada nos momentos em que a rentabilidade do fundo ultrapassa um determinado indicador de referência – *benchmark* – por um período de seis meses. Nesse caso, a cobrança da taxa de *performance* se dá sobre o valor que superou o *benchmark*. Para conhecer de maneira detalhada como é feita a cobrança de determinado fundo, consulte o regulamento.

## Como um fundo imobiliário cresce?

É pouco provável que um investidor que goste de dividendos não se encante com fundos imobiliários. Dessa forma, diversos investidores atuantes no mercado de ações estão incluindo os fundos imobiliários em suas carteiras de investimento. Alguns estão até trocando as ações boas pagadoras de dividendos por fundos imobiliários.

Na questão de ser uma boa fonte de renda por meio de dividendos, existe uma grande diferença entre ações de empresas e cotas de fundos imobiliários. As empresas podem reter parte do lucro para reinvestir no próprio crescimento e, com o passar do tempo, esse crescimento poderá ser refletido em mais dividendos. Já os fundos imobiliários devem distribuir 95% do lucro – os outros 5% que podem ficar retidos não são suficientes para o crescimento do fundo por meio da aquisição de mais imóveis.

Esses 5% são usados para manutenções recorrentes e pequenas atualizações nas propriedades. Em caso de *retrofits*, ou seja, reformas mais profundas, o administrador pode chamar uma assembleia geral extraordinária no sentido de reter acima dos 5% do resultado ou mesmo realizar uma nova emissão de cotas.

Um fundo imobiliário tem severas restrições normativas para contrair dívidas para crescer. Geralmente, para o fundo crescer adquirindo mais ativos, é preciso fazer uma nova emissão de cotas para captar os recursos necessários à realização de aquisições com a finalidade de ampliar o portfólio. Outra estratégia passível de ser adotada é a reciclagem dos ativos para buscar alternativas mais adequadas ao perfil do fundo.

Em tempo, quando ocorre uma nova emissão de cotas, quem já é cotista do fundo costuma ter os direitos de preferência na compra das novas cotas, na proporção do capital que já possui investido, a fim de não ser diluída a sua participação total. A diluição não altera muito os rendimentos que o investidor já recebe daquele fundo, desde que as novas aquisições se mantenham no mesmo patamar - ou superior - ao portfólio atual. E nem sempre é vantajoso para o investidor comprar mais cotas do mesmo fundo, pois naquele momento podem existir opções mais interessantes no mercado.

Os maiores fundos negociados em Bolsa já fizeram muitas emissões de cotas, seja qual for o setor ou tipo. Nem todo fundo foi constituído com a premissa de aumentar o patrimônio. Muitos nasceram para ter um único imóvel. E cada tipo de fundo tem suas vantagens e desvantagens.

Para saber se determinado fundo pode ou não fazer novas emissões de cotas sem a necessidade de aprovação pela assembleia, basta consultar o regulamento do fundo. Restando dúvidas, conversar com administradores e gestores é importante para entender com mais segurança a política de investimentos do fundo.

## A grande vocação desse tipo de ativo

Existem, basicamente, dois modos para o cotista ganhar com um fundo imobiliário: por meio da valorização da cota, que proporciona ganho de capital; e através da renda distribuída mensalmente, que proporciona fluxo de caixa ao investidor.

Para ganhar com a valorização da cota, é importante comprar no momento certo, aproveitar o mercado em baixa, geralmente em períodos de crise, quando o preço negociado em Bolsa pode chegar a ser menor do que o valor patrimonial dos ativos do fundo. Porém, a grande maioria dos investidores é atraída para os fundos imobiliários devido à renda. Para esses, o ganho de capital se torna a cereja do bolo.

É pertinente considerar que fazer *timing* para investir, ou desinvestir, exige maior grau de experiência e ousadia por parte do investidor. Não é trivial, até porque o Brasil é um país com premissas que mudam em uma esfera que muitas vezes não permite ao pequeno investidor antecipar algum movimento. Em resumo, é uma estratégia com mais risco implícito.

Ter bons ativos geradores de renda permite ao investidor consumir a renda e preservar o patrimônio principal. A distribuição de renda dos fundos imobiliários é maior do que a de muitas das ações tidas como boas pagadoras de dividendos.

Alguns fundos, aqueles que têm prazo definido de duração, distribuem não só a renda, mas devolvem, aos poucos, parte do capital investido. Esse procedimento é conhecido como amortização. Ao consumir todo o dinheiro de um fundo que age dessa forma, o investidor ficará sem nada após a extinção do fundo.

Por isso, para quem pretende não reinvestir o rendimento distribuído, e sim gastar a renda de outras formas, os fundos mais interessantes são aqueles que não têm prazo definido de duração e, por isso, serão, enquanto bem administrados e lucrativos, uma fonte constante de renda passiva.

A maior dádiva de um fundo imobiliário é sua perenidade: um fundo que perde sua perenidade perde também seus fundamentos. O investidor que conseguir desenvolver essa sensibilidade terá grande vantagem nas suas escolhas.

Para o pequeno e médio investidor, que pensa em adquirir um

imóvel com a intenção de gerar renda com o aluguel para complementar seu salário; para aquele que pretende adquirir vários imóveis para que, no futuro, sejam a fonte de sua aposentadoria; ou, ainda, para os que estão buscando a independência financeira por meio do recebimento de renda passiva com o aluguel; os fundos imobiliários se encaixam como uma luva. São excelentes geradores de renda, com vários benefícios agregados, e relativamente fáceis de analisar e gerenciar dentro do portfólio de investimento.

> **Os imóveis mais rentáveis do Brasil estão no radar de grandes fundos imobiliários, que gerenciam *shoppings*, galpões de logística e lajes corporativas, entre outros. Ao permitir que esses empreendimentos depositem inicialmente centavos em seu bolso, o investidor poderá se beneficiar da ação do tempo e dos juros compostos, reinvestindo ao menos parte dos proventos recebidos.**

## *A CEREJA DO BOLO NOS FIIS*

*Ao avaliarmos o mercado de fundos imobiliários no Brasil, é possível encontrar não apenas uma, mas várias cerejas neste bolo. De toda forma, a grande cereja talvez seja mesmo o segmento de* shoppings *com ativos que tenham nível de maturação adequado e potencial de expansão.*

*Mas olhemos para o lado para refletir sobre outros segmentos: será que ainda encontraremos mais cerejas?*

*Vamos selecionar dois segmentos que representam uma parcela relevante dos fundos imobiliários existentes no mercado.*

- *Logístico: esse segmento se mostra importante para a indústria de fundos imobiliários, pois, quando olhamos os dados atuais dos ativos listados, é possível perceber que a vacância, por exem-*

*plo, está abaixo da média geral do setor, com base em pesquisas realizadas em materiais de empresas especializadas.*

- *Lajes corporativas: aqui a situação é mais desafiadora em relação aos dados de mercado em geral, mas, ao observamos alguns ativos localizados em regiões nobres, especialmente em São Paulo, isso nos dá certo conforto e segurança, pois estamos diante dos locais mais desejados do país.*

*Portanto, temos um segmento mais resiliente, o logístico, e outro com alto valor agregado, o das lajes. Mas é evidente que as escolhas não devem ser aleatórias. É fundamental sermos criteriosos.*

*Para cada um dos setores temos cerejas. Estabelecer critérios e premissas é sem dúvida o primeiro passo para que as escolhas fiquem em linha com seu perfil. Um dos principais indicadores a serem observados é a capacidade de recolocação dos espaços vagos nos momentos de crise. Esse termômetro é importante e deve ser ponderado, pois oferece nitidez com relação à resiliência de cada um dos ativos em uma carteira ancorada em valor para o longo prazo.*

*É possível encontrar cerejas até em fundos de recebíveis ou fundos de fundos. Por que não?*

*Fundos de CRIs com operações exclusivas consideradas* High Grade *podem ser vistos como sendo ativos com boa capacidade de geração de renda real e perene, com prêmio bastante razoável sobre os títulos públicos, os quais em tese são livres de risco. Já no caso dos FOFs –* Funds Of Funds *–, existem gestores que vêm conseguindo gerar retorno para os cotistas de maneira consistente.*

*Então, já escolheu quais são as suas cerejas?*

*Não é uma tarefa simples, mas o fato de termos apenas cem fundos imobiliários estudáveis no Brasil ajuda.*

## *DE CENTAVO EM CENTAVO*

*Por vezes, investidores em início de jornada podem sentir frustração com os fundos imobiliários pelo fato de terem recebido poucos centavos por cota após realizar um investimento. Eles podem concluir, com razão, que só após ter milhões investidos o resultado faria algum sentido.*

*Por outro lado, é importante entender um pouco mais todo o contexto em que estamos inseridos numa vida de acumulação financeira.*

*O Brasil tem um déficit imenso em relação à educação financeira. Nossos avós e nossos pais nos trouxeram valores importantes para uma vida honesta. Mas provavelmente eles não tiveram a oportunidade de falar sobre dinheiro de uma forma aberta. Este tabu ainda existe e de alguma forma temos que mostrar a todos que enriquecer de forma honesta é gratificante.*

*Você pode perguntar:*

*– Quem nasceu primeiro: o ovo ou a galinha?*

*Podemos responder com outra pergunta:*

*– Como chegar aos milhões sem reinvestir os centavos?*

*O mercado de capitais é um instrumento criado justamente para gerar e multiplicar riqueza. Alguns podem interpretar como sendo um jogo de soma zero onde alguém, para ganhar, necessariamente terá de gerar perdas para terceiros. Indo por essa linha de pensamento, o lado em que você mais permanecer fará diferença no longo prazo.*

*Isso vai depender da forma como se lida com o mercado financeiro. O mercado não deve ser visto como um grande cassino de apostas, e sim como uma ferramenta para multiplicar meu patrimônio.*

*Nos FIIs em especial, até mesmo pelo fato de não podermos operar no mercado de derivativos, o jogo se torna bem diferente. Os ganhadores serão aqueles que tomarem mais cotas do mercado ao final do jogo.*

*Lembre-se de que a quantidade de cotas de um fundo imobiliário é finita. Claro, alguns FIIs fazem novas emissões –* follow-on *–, aumentando a quantidade de cotas em circulação, mas essa é uma prerrogativa bastante específica. De toda forma, ao final, haverá sempre um limite.*

***Dez versus trinta***

*Num primeiro momento, não se preocupe com os centavos de juros. Concentre-se em realizar aportes e engordar sua carteira. Aos poucos, o fluxo de caixa começa a gerar mais impacto no resultado mês a mês e tudo fará sentido.*

*Interessante que, no futuro, a história muda: os juros gerados por sua carteira de investimentos são expressivamente altos e os aportes já não fazem mais tanta diferença.*

*Observe os gráficos a seguir, que foram simulados através do* site *do Clube dos Poupadores e veja a capacidade de multiplicação*

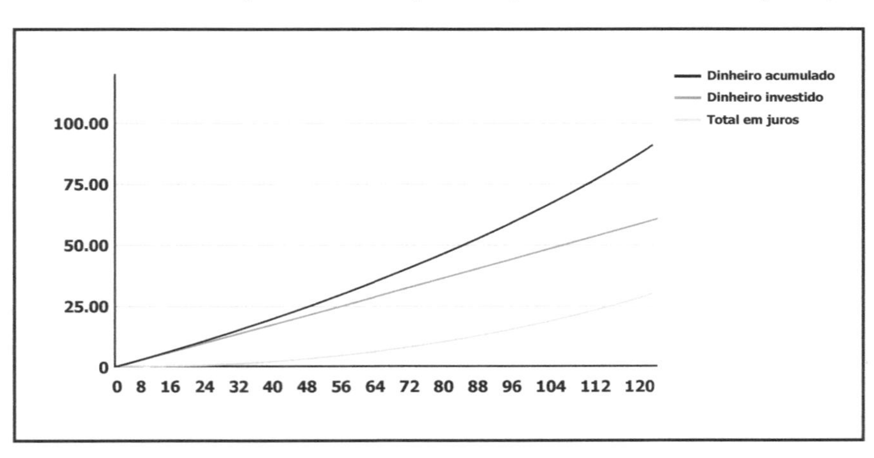

*dos juros compostos com uma taxa de 0,65% e aportes de R$ 500,00 por mês.*

*No primeiro caso, mostrado na página anterior, usamos um prazo de acumulação de dez anos. Observe que os juros, na casa dos centavos, não têm ainda a força necessária para impactar de forma relevante o resultado final.*

*Agora, quando mudamos o prazo para trinta anos, a situação se inverte. Os juros começam a agir de forma relevante e os aportes, apesar de serem ainda importantes, já não possuem a mesma relevância.*

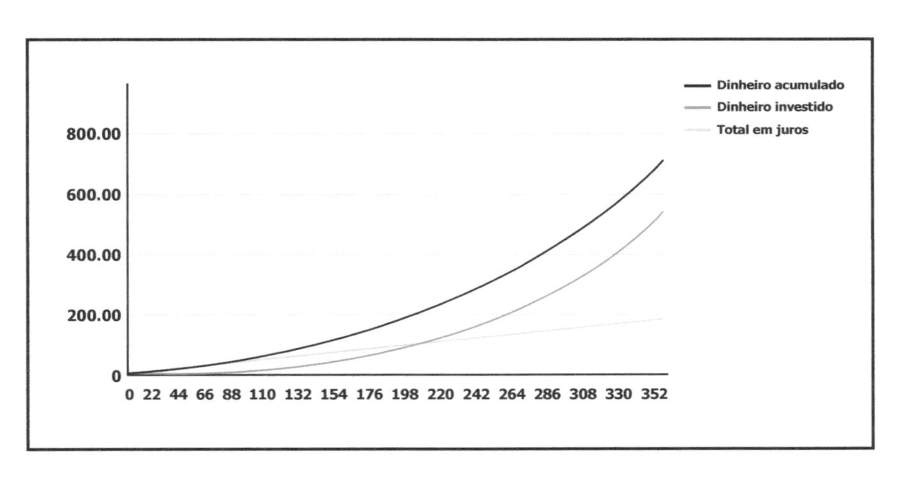


*Refazendo a pergunta:*

*- Os centavos fazem ou não fazem a diferença?*

# III
# COMPARANDO O INVESTIMENTO DIRETO EM IMÓVEIS COM OS FUNDOS IMOBILIÁRIOS

***Mais difícil do que gerenciar ativos é gerenciar relações interpessoais. Os fundos imobiliários permitem a terceirização de questões desgastantes e inerentes aos agentes envolvidos no mercado imobiliário.***

Existem diversas formas de realizar investimentos imobiliários. A mais comum, para o pequeno investidor, é a aquisição direta, via pessoa física. Alguns investidores com mais propriedades optam por abrir uma empresa e investir via pessoa jurídica, visando principalmente obter vantagens tributárias. Uma terceira forma de realizar investimentos imobiliários é por meio dos fundos imobiliários.

Agora que você já compreende o mecanismo de funcionamento dos fundos imobiliários, vamos fazer uma comparação entre eles e o investimento direto em imóveis, sob a ótica de quem procura renda. O objetivo das duas modalidades de investimento é único: ganhar dinheiro por meio da aquisição de imóveis geradores de renda.

Como o ativo que serve de lastro para as duas modalidades de investimento é o mesmo, ambas compartilham diversas características, o que torna fácil o estabelecimento de uma comparação entre elas. A grande diferença está no fato de os fundos imobiliários serem uma ferramenta mais elaborada: por isso, quando mais bem compreendida e trabalhada, pode trazer inúmeras vantagens ao investidor.

Desconsidere a comparação se você possui um imóvel na praia que aluga eventualmente, mas utiliza no verão, ou se você tem uma sala comercial alugada, mas que pretende dar ao seu filho para ele utilizar como escritório ao terminar a faculdade. Uma comparação entre o investimento direto em imóveis e fundos imobiliários só faz sentido se o único objetivo do imóvel é a geração de renda, e não caso você pretenda utilizar o imóvel para qualquer outro fim.

## Tipos de imóveis

Se você pudesse, independente do preço, comprar o imóvel que quisesse para que ele gerasse renda para você, que tipo de imóvel compraria?

Esqueça o fator preço. Imagine que todos custem a mesma coisa e pense um pouco em qual seria o melhor gerador de renda. Seria melhor comprar uma pequena loja de rua em uma cidade do interior ou uma loja em um grande *shopping center* na capital? Um pequeno escritório localizado em um prédio comercial simples na periferia ou um escritório de alto padrão em um grande centro comercial e financeiro? Ou, ainda, uma quitinete em uma praia não tão nobre ou um *flat* próximo ao aeroporto de Congonhas em São Paulo? Sem desmerecimento a nenhuma localidade, o objetivo é analisar o retorno sobre o capital investido.

Imóveis de primeira linha, com certeza, trazem inúmeras vantagens aos seus proprietários. Eles tendem a ser melhores geradores de renda, ter uma demanda maior, além da maior preservação de valor no longo prazo. Mas, é claro, eles custam mais e o preço afugenta o pequeno investidor. Afinal, um *flat* próximo ao aeroporto de Congonhas, no bairro nobre de Moema, em São Paulo, deve estar custando bem mais do que uma quitinete na praia, em uma localidade não tão nobre. Mesmo que, com o objetivo de gastar menos, você pense em construir um imóvel para, depois, alugá-lo, o capital despendido seria alto e o retorno, demorado.

Por meio de fundos imobiliários, com pouco dinheiro, algo em torno de R$ 1.000,00 – ou menos: vários fundos são negociados por menos de R$ 100,00 –, você consegue adquirir cotas de fundos imobiliários que investem em imóveis de primeira linha e, dessa forma, se tornar coproprietário desse tipo de imóvel e, imediatamente, começar a receber de forma mensal o aluguel proporcional à sua participação nesses imóveis.

Obviamente, como coproprietário, você tem sócios e outros cotistas que compartilham decisões na proporção do capital de cada um.

## Tipos de inquilinos

O tipo de imóvel que você adquire está diretamente relacionado ao tipo de inquilino que você terá. Imóveis de primeira linha trazem consigo inquilinos de primeira linha. Inquilinos de primeira linha são menos inadimplentes e pagam mais por bons imóveis, pois um bom ativo, bem localizado, é um excelente cartão de visitas.

Imóveis de segunda linha são alugados pela parcela menos favorecida da população. Um profissional liberal em início de carreira que aluga um escritório de segunda linha, geralmente está lutando com dificuldades e pode ser que, em um mês ou outro, ele não feche as contas e, por isso, atrase o seu aluguel. Esse profissional, quando estiver mais bem estabelecido, irá procurar um escritório de melhor padrão em outro bairro da cidade e deixará você na mão à procura de outro inquilino de segunda linha.

Além do mais, com pequenas salas comerciais, você começa a ter concorrência com os diversos escritórios compartilhados que já existem por aí, oferecendo excelente relação entre custo e benefício para pequenas empresas e profissionais.

Esse é um efeito predatório, cujo resultado final tende a ser desastroso ao longo do tempo. Indo além, há de se observar fundos imobiliários que também já sofreram, ou ainda sofrem, efeitos colaterais dessa natureza, por isso a importância de se colocar a lupa em cada fundo da carteira de investimentos, de tempos em tempos.

Perceba que o mesmo acontece com imóveis residenciais. Famílias com poucos recursos alugam imóveis na periferia, pagam menos e podem fazer mais pressão contrária na hora de um reajuste de aluguel. Você já pensou no trabalho e na dor de cabeça que dá para despejar uma família inadimplente? Mesmo com as últimas alterações na lei do inquilinato, pode ser que não seja tão simples convencer um juiz a colocar na rua um pai de família com esposa e filhos.

Fundos imobiliários investem em imóveis de primeira linha para ter inquilinos de primeira linha. Ao invés de imóveis residenciais, eles adquirem *flats* onde o possível hóspede inadimplente simplesmente nem consiga abrir a porta do quarto com o cartão magnético, caso suas contas não estejam sendo pagas. Ao invés de escritórios em bairros periféricos, eles adquirem escritórios de alto padrão, grandes prédios comerciais e lajes corporativas voltadas a profissionais e empresas já estabelecidos e, ao invés de salões comerciais de rua que possivelmente seriam alugados para pequenos comerciantes e prestadores de serviço, os fundos compram ou constroem bons imóveis que serão agências bancárias, hipermercados, lojas de departamento ou, ainda, adquirem participações em *shoppings*, por exemplo. E, com pouco dinheiro, você pode ser coproprietário de tudo isso. Então, para que se aborrecer com inquilinos de segunda linha?

Cuidado: esta não é uma regra absoluta para todo o universo dos fundos imobiliários no Brasil, mas estamos convencidos de que é uma tendência natural da indústria. Os gestores estão cada vez mais atentos a esta premissa básica.

Fundos, especialmente os mais antigos, que não reciclaram seu portfólio, possuem dificuldades de recolocação de suas áreas vagas, além dos aborrecimentos recorrentes de inadimplências e manutenções, cuja responsabilidade seja do locatário, não realizadas.

Com os inquilinos de primeira linha, você tende a mitigar grande parte dos problemas. Mesmo que eventualmente o fundo tenha algum desconforto, quem buscará resolver isso é o administrador do fundo, enquanto você receberá os rendimentos mensais na sua conta, que não serão tão afetados por problemas isolados com inquilinos, pelo fato de serem diluídos no grande número de imóveis que o fundo possa possuir, ou no portfólio diversificado de fundos que você tenha com os mesmos recursos que gastaria para comprar um único imóvel.

> ***O sucesso de quem investe no mercado imobiliário, com o objetivo de geração de renda passiva, depende da correta seleção de inquilinos – um processo que deve ser estritamente racional.***

## *MEU INQUILINO – MINHA VIDA*

*Para quem deseja investir em fundos imobiliários, é fundamental entender que o aluguel é a principal fonte de retorno do investimento. No entanto, o gestor do fundo, como o principal representante dos cotistas dos ativos, deve tomar uma série de cuidados a fim de preservar o retorno proposto, até mesmo para evitar prejuízos ou situações indesejáveis.*

*Como forma de mitigar os efeitos de inadimplência do inquilino, o gestor precisa avaliar com atenção e ser extremamente diligente ao buscar a documentação do locatário, além de efetuar uma boa vistoria do imóvel.*

*Algumas vezes se faz necessário que o locatário faça um seguro fiança junto a um banco de primeira linha no mercado, para proporcionar uma análise de crédito ainda mais adequada. Dependendo da duração do contrato, esse seguro deve cobrir boa parte dos aluguéis a vencer, além de custos com condomínio e impostos relacionados diretamente ao imóvel.*

*Em casos extremos, o gestor pode buscar garantias reais que visem lastrear o custo total do contrato. Por exemplo: cinco anos de contratos irão custar para o locatário R$ 20 milhões. Então, no momento da estruturação do contrato, o gestor pode inserir uma cláusula que transfira ao fundo um imóvel – edificado ou mesmo um terreno – que tenha sido avaliado em pelo menos 30% a mais do que o valor total da dívida.*

*Este "sobre colateral" da dívida é fundamental, pois, em caso de execução de uma venda forçada, o valor a ser apurado não gera prejuízos aos cotistas. Claro, esse gatilho só seria disparado em caso de inadimplência.*

*É importante salientar que deve ser contratada empresa especializada em avaliação imobiliária para melhor juízo de valor.*

### ***Observe com atenção***

*Um exercício que todo investidor deve fazer é avaliar o perfil do inquilino que demanda o ativo dentro do seu fundo.*

*Sejamos práticos: um fundo que tem uma empresa, por exemplo, do ramo de* callcenter *como locatária, pode ter risco potencial superior a outro que possui multinacionais em sua carteira. Mas, ób-*

*vio, isso não é um critério frio e absoluto. São pontos de avaliação que devem ser observados caso a caso, contrato a contrato.*

*Muita gente confunde a força de um contrato com o perfil específico do locatário, ou seja: o gestor pode ter firmado um contrato longo com uma empresa mais frágil que, durante sua vigência, poderá trazer algum transtorno para o cotista. Por outro lado, é possível que tenhamos ativos com contratos mais curtos – e multas menores; porém com risco de crédito também menor.*

***Contratos típicos e atípicos***

*Os contratos típicos são aqueles convencionais, presentes especialmente nos ativos de lajes corporativas. Em geral, possuem duração média de cinco anos e multas entre três e seis meses. Nesses casos, a cada três anos esses contratos podem passar pelo processo de revisional, oferecendo, portanto, ganhos ou perdas comparadas à inflação.*

*Já no caso dos contratos atípicos, os aluguéis são negociados no início da operação e nenhuma das partes pode pedir revisão durante a vigência. A multa a ser paga nesse tipo de contrato é a somatória dos aluguéis vincendos.*

*Observe que os contratos atípicos funcionam de forma análoga a uma operação de crédito. Neste sentido, a avaliação de risco a ser observada pelo gestor deve ser ainda mais cautelosa.*

## Diversificação

A melhor forma de não perder dinheiro em investimentos é fazer uma boa análise daquilo em que você investe e continuar acompanhando sempre seus investimentos. Diversificar também é uma forma de reduzir a possibilidade de perder dinheiro, desde que você analise todos os ativos em que pretende investir para diversificar.

A diversificação deve ser seletiva e ter alguma estratégia implícita para escolha dos ativos. Do contrário, é pulverização pura e simples, sem qualquer tipo de pré-avaliação. Pulverizar é o mesmo que jogar o dinheiro para cima e ver em qual cesta ele vai cair. Diversificar é procurar escolher as melhores cestas. Erros e acertos farão parte do processo, mas, quando o investidor busca acertar com algum estudo preliminar, suas chances aumentam.

Diversificar nada mais é do que aquela velha história de distribuir os ovos em várias cestas. Porém, para distribuir os ovos, você tem que ter vários ovos e várias cestas. Nessa analogia, os ovos representam o dinheiro e a cesta, os ativos.

Imagine que você tenha R$ 400.000,00 para comprar um único imóvel. É impossível diversificar com isso. O máximo que você poderia fazer seria comprar dois imóveis de R$ 200.000,00, possivelmente de qualidade inferior, com todos os malefícios discutidos anteriormente, para ter o mínimo de diversificação.

Porém, se você optar por investir em fundos imobiliários, com esse mesmo valor você poderia investir em dez fundos imobiliários diferentes, por exemplo, colocando R$ 40.000,00 em cada um. Dessa forma, você poderia diversificar não só em número de fundos, mas em estratégias de investimento diferentes, investindo em um que é focado em *flats*, outro em galpões logísticos e indústrias, mais um focado em escritórios e salas comerciais, e assim por diante. Você pode diversificar por localização geográfica investindo em um fundo que adquire participação em *shoppings* de São Paulo e em outro que faz o mesmo no Rio de Janeiro. E ainda pode diversificar por administrador, escolhendo fundos de administradores diferentes, a fim de participar de competências administrativas diferentes.

Ainda nesse exemplo, se você possui R$ 400.000,00, não precisa colocar todo esse dinheiro em fundos imobiliários. Você pode reservar, de acordo com o seu perfil e objetivos de investimento, uma porcentagem para esse fim e o resto alocar em outras classes de ativos, como ações e renda fixa, obtendo ampla diversificação.

> ***A diversificação no mercado financeiro não é uma ciência exata: ela é variável conforme o perfil e o nível de conhecimento do investidor.***

## *O PREÇO DA DIVERSIFICAÇÃO*

*A revista* Exame *publicou uma edição sobre "onde investir em 2018", com um artigo específico sobre imóveis. A estratégia apontada por uma das maiores gestoras de imóveis do país, HSI – Hemisfério Sul Investimentos, está em linha com o nosso pensamento.*

*Num momento de cautela é importante focar em ativos que, mesmo que algumas das premissas projetadas falhem, tenham resiliência suficiente para suportar um ciclo de lenta retomada da economia.*

*Neste sentido, a diversificação seletiva é o nome do jogo. E isto tem um preço, claro: exige do investidor consciente um pouco mais de diligência em suas escolhas na busca por ativos.*

***Nosso cérebro é movido à construção de padrões e recompensas.***

*Os preços dos ativos no mercado real não caíram. Pelo contrário. Alguns deles subiram bastante, especialmente em função da redução da taxa de juros, fazendo com que ativos reais tenham maior atratividade. No entanto, os fundamentos da economia estão em marcha lenta. A esta altura, a margem de segurança foi para o vinagre.*

*Em tempos assim, só nos resta uma postura mais cautelosa e seletiva mesmo. Não há muito a fazer, sobretudo porque investidores de fundos imobiliários costumam ser compradores compulsivos.*

*A receita de bolo é relativamente simples: investidores devem buscar se desenvolver em função do mercado a fim de ter sensibilidade suficiente para que as escolhas fiquem cada vez mais alinhadas à realidade do mercado.*

*Longe de achar que precisamos de uma bola de cristal, mas construir premissas e buscar validá-las é um exercício importante que deve ser realizado com frequência, justamente para que nosso cérebro construa determinados padrões.*

*Vejamos alguns exemplos que podem ser levados em consideração com base nas informações que temos disponíveis:*

- *Contratos mais fortes e longos, com baixo risco de crédito;*
- Shoppings *com nível de maturação adequada e capacidade de expansão;*
- *Escritórios com vacância controlada e recolocação ágil;*
- *Galpões logísticos que podem se beneficiar com a evolução maciça do comércio eletrônico;*
- *Recebíveis com taxas generosas.*

*Enfim, sempre há um caminho. A diversificação nestas horas funciona muito bem, trazendo ao investidor comum chances de alocações eficientes e que devem ser compatíveis com o longo prazo.*

*A diversificação deve ser usada para maximizar resultados, e não como refúgio. O preço que se paga pela diversificação pode sair do seu bolso ou simplesmente da sua mente: basta um pouco de dedicação. Como tudo na vida, diversificar seletivamente envolve estudo e determinação de cada um. Não há atalhos.*

## Simplificação

Quem já comprou ou tentou comprar um imóvel sabe o trabalho que dá procurar imóveis em *sites* ou jornais, visitar imobiliárias, conversar com corretores, responder a *e-mails* e ligações, e muitas vezes não encontrar exatamente aquilo que estava procurando. Sem contar o tempo perdido e o dinheiro gasto rodando por aí para fazer visitas e mais visitas a propriedades.

Após encontrar o imóvel, vem uma série de burocracias. Você assinará um contrato de intenção de compra, reconhecerá firma e levantará uma série de documentos seus e aguardará que o proprietário faça o mesmo para que seja averiguado se não há nada errado com a transação. E muitas vezes você dará um sinal para ficar aguardando a morosidade do sistema.

Após toda a análise de documentos, você desembolsará um grande volume de dinheiro. Além de pagar ao proprietário, você também terá que pagar a escritura e recolher o ITBI – Imposto sobre Transmissão de Bens Imóveis. Como sua intenção era colocar o imóvel para alugar, agora você entra em uma nova fase. Você anunciará o imóvel por conta própria ou o entregará a uma imobiliária? Talvez você tenha que reformar o imóvel.

E, após encontrar um candidato a inquilino, agora é só aguardar mais um pouco para que toda a análise da documentação dele seja feita e aprovada, para então assinar mais um contrato e começar a receber os aluguéis. Algumas imobiliárias, a título de comissão, costumam ficar com o primeiro aluguel. Ou seja, você só irá ver a cor do dinheiro a partir do segundo mês.

Ao investir em imóveis via fundos imobiliários, todo o processo ocorre literalmente com alguns cliques de *mouse*. Você escolhe em qual fundo investir, dá uma ordem de compra por meio do seu *home broker* e pronto. O sistema casa a sua ordem de compra com a ordem de venda de alguém e tudo está concluído. Em três dias, o dinheiro referente ao número de cotas que você comprou é debitado na sua conta e creditado na do vendedor, e você já é um coproprietário de imóveis.

Como o fundo já estava em andamento, você automaticamente já começa a receber os aluguéis, e coisas como escritura, ITBI e documentação não farão parte do seu universo, e sim do administrador do fundo.

## Gestão

Independentemente da forma como você investe em imóveis, alguém tem que tomar conta de tudo. Se você fizer o investimento direto, você ou uma imobiliária terão que encontrar inquilinos, fazer cobranças, verificar o pagamento de contas como IPTU e condomínio, além de negociar contratos de aluguel. Caso você tenha contratado uma imobiliária para a realização dessa tarefa, terá que pagar sozinho as taxas referentes à prestação desse serviço.

Fundos imobiliários têm profissionais para fazer todo o trabalho administrativo e burocrático para os cotistas.

Outro fator de extrema importância na gestão profissional dos fundos é que ela procura estar focada no mercado imobiliário. Dessa forma, os fundos poderão vender imóveis que, por qualquer motivo, estejam deixando de ser bons investimentos para aquisição de outros que se enquadrem melhor nos seus objetivos e estratégias, de uma maneira bem mais eficiente que um investidor não profissional faria ou, ainda, que uma imobiliária de bairro faria.

Cotistas de fundos imobiliários não podem ficar distantes de seus gestores. Para o investidor diligente, a única forma de chancelar o trabalho de um gestor frente a um fundo de sua carteira é estreitando os contatos via *e-mail* e telefone, mas acima de tudo pessoalmente.

Lembre-se de que o papel aceita tudo. Isto é, um relatório gerencial colorido é importante? Claro. Mas não é tudo. O contato recorrente com o gestor é a prova viva de que há total aderência entre o que está escrito e o que está sendo feito. Não deixe de fazer esse contato com os gestores dos seus fundos, mesmo que seja de ano em ano. Além de ser um direito seu, é uma prática saudável.

Qual a real possibilidade da sua imobiliária no interior telefonar para você e sugerir que você venda seu imóvel que ela administra e compre um *flat* em São Paulo para aproveitar um possível déficit hoteleiro?

> ***Na Bolsa de Valores não se deve atirar no escuro: saber quem vai administrar o capital empregado é elementar para ajustar a mira.***

## *A MÃO DO GESTOR*

*A mão do gestor pode mudar consideravelmente o resultado final de um fundo imobiliário ao longo do tempo. Isso fica ainda mais cristalino à medida que usamos ferramentas adequadas para comparar a evolução dos fundos desde o início de suas operações. Um gestor mais diligente, com estratégia clara e definida, gera resultados mais consistentes.*

*O que temos de observar nos gestores?*

*Muitos são os pontos. Seguem os fundamentais:*

- *Estarem próximos dos inquilinos antecipando movimentos e eventuais necessidades;*
- *Vistorias recorrentes nos imóveis para manutenções e* retrofits, *quando necessários;*
- *Busca frequente por ativos com melhores perspectivas no mercado;*
- *Informações e estratégias claras em seus relatórios gerenciais.*

*No entanto, é curioso notar que os melhores retornos da história dos FIIs não foram, necessariamente, daqueles com gestão ativa. O Brasil é mesmo um país diferente.*

*Este é um ponto polêmico, mas temos que abordá-lo: os gestores são voltados para o mercado financeiro. É fato! E tem que ser assim mesmo, até porque os fundos imobiliários são instrumentos listados em Bolsa, ancorados em legislação específica. A questão é como essas equipes são internamente estruturadas e desenvolvem projetos imobiliários no dia a dia. Muitas vezes, o que podemos perceber é que o time de gestão é bem limitado e acaba passando a bola para as consultorias. Até aí, tudo bem. O ponto chave é que essas consultorias se desenvolveram muito mais no eixo Rio–São Paulo.*

*E aí começam as dificuldades. O potencial de retorno dos novos negócios nos grandes centros está diminuindo e bons negócios poderiam ser feitos Brasil afora. Por que não? Deste modo, teríamos fundos com mais diversificação geográfica e retornos maiores.*

*Claro, cuidar dos imóveis seria uma tarefa mais complexa pela distância. Isso não representa necessariamente uma barreira – é muito mais uma questão de perfil do gestor. Daí, voltamos ao cerne da questão: será que os gestores estão dispostos a buscar ativos pelo Brasil e criar produtos mais diversificados?*

*Aparentemente, os fundos em geral possuem uma cartilha, como um mantra mesmo: ativo bom só pode estar na Faria Lima, Berrini, Paulista e outras avenidas consolidadas de São Paulo e Rio de Janeiro. Será? Fica a indagação.*

*A grande dicotomia: fundo imobiliário parece imóvel, mas não é. Se você compra um imóvel próprio com base nos seus critérios e, além disto, faz a gestão junto aos seus inquilinos no dia a dia, o resultado pode ser bem mais expressivo no longo prazo, mas obviamente você terá muito mais trabalho.*

*Ao optar por fundos imobiliários, você está terceirizando a gestão do seu próprio patrimônio. Daí, a mão do gestor fará toda a diferença.*

*Se parece uma dicotomia entre estratégias, elas não são excludentes. Lembre-se de que é possível alocar capital em imóveis próprios, de preferência comerciais, além de estruturar uma carteira com fundos imobiliários com diversos setores e tipos. Você estará ainda mais diversificado e com retornos potenciais diferentes.*

## Liquidez

Liquidez em finanças significa a capacidade de transformar um ativo em dinheiro.

Alguns ativos são extremamente líquidos, como os títulos públicos. Outros, como os imóveis, são menos líquidos.

Ter liquidez em um investimento é importante, pois é a sua porta de entrada ou saída do investimento. Muitas pessoas podem perder dinheiro quando precisam vender às pressas um ativo com baixa liquidez, por exemplo.

De fato, imóvel é um ativo de baixa liquidez. Não é tão comum vender um imóvel de uma hora para outra, além de ser impossível saber com exatidão o tempo que levará para vender um imóvel.

Vender cotas de fundos imobiliários é mais fácil do que vender imóveis. Geralmente, o investidor pessoa física não costuma ter problemas de liquidez em FIIs. É importante observar que a liquidez acaba sendo algo pessoal, pois depende do volume que você pretende negociar.

Por exemplo, dados da B3, divulgados no Boletim Mensal de Fundos de Imobiliários de junho de 2018, mostram que o fundo imobiliário mais negociado daquele mês, o KNCR11, teve um volume de negócios de mais de R$ 82 milhões. Em quinto e décimo lugares ficaram os fundos VISC11 e BCFF11, com mais de R$ 40 milhões e R$ 20 milhões, respectivamente.

Claro que nem todos os fundos negociam na casa dos milhões. No mesmo mês o fundo XTED11, que tem a menor participação no IFIX – Índice de Fundos Imobiliários, teve um volume pouco acima de R$ 317 mil. Você pode consultar o volume de negócios de cada fundo no *site* da B3.

Há dois pontos adicionais válidos a considerar sobre esse tema. O primeiro deles é que a liquidez do mercado de fundos imobiliários como um todo vem crescendo ano a ano.

Por outro lado, como parâmetro de comparação, estamos ainda muito distantes do que acontece no mercado de ações. Uma ação nem precisa ser *blue chip* para negociar, em um dia, mais do que todos os fundos imobiliários listados. É uma assimetria – quase uma aberração – a ser resolvida com o tempo, visto que a indústria de FIIs, no que se refere a novos CPFs entrantes, cresce numa velocidade maior do que as ações.

## Fracionamento

Você já viu alguém com um grande patrimônio sofrer com a falta de dinheiro? Essa é uma situação bem comum. É possível que pessoas que possuem um grande patrimônio, ao precisar de dinheiro de uma hora para outra, não tenham como tirar de lugar nenhum. Isso ocorre porque imobilizaram grande parte do capital em ativos de alto valor e baixa liquidez. Uma péssima alocação de ativos pode fazer alguém ficar sem dinheiro mesmo tendo um grande patrimônio.

Esse tipo de situação pode ocorrer com pessoas que têm grande parte do seu patrimônio em imóveis. Imagine que você tenha um imóvel de R$ 1 milhão e precise de R$ 100 mil com urgência. Você terá que se desfazer do seu imóvel, muitas vezes aceitando um valor menor, caso não tenha esse dinheiro em outro tipo de ativo ou aplicação mais líquida. Ou terá que fazer um empréstimo e pagar altas taxas de juros.

Já um investidor na mesma situação, porém com esse valor alocado em fundos imobiliários, pode vender somente a quantidade de cotas referente ao capital que precisa. Ou seja, ele pode fracionar o seu patrimônio, coisa que quem investe diretamente em imóveis não pode fazer.

## Cotação

Cotação em finanças é o ato ou efeito de cotar, estabelecer o preço ou valor de alguma coisa.

Mas qual a finalidade de saber o preço do seu patrimônio? Algumas pessoas não dão muita importância ao conhecimento do preço dos seus ativos, principalmente os ativos que não pretendam negociar, como ativos geradores de renda. Elas estão mais interessadas na renda que os ativos proporcionam do que no conhecimento de quanto o mercado está pagando por ele. O dono de um negócio qualquer, como uma pizzaria ou um açougue, por exemplo, não costuma querer saber a todo instante quanto o mercado pagaria por seu comércio: eles estão mais preocupados com o lucro gerado. O mesmo ocorre com alguns proprietários de imóveis para locação. Outros preferem não saber simplesmente porque têm medo da variação patrimonial.

Você saberia dizer exatamente quanto vale o seu imóvel? Possivelmente não. Talvez você até ache que saiba baseado no valor pelo qual o seu vizinho vendeu o imóvel dele ou no que o corretor da imobiliária da esquina disse. Na verdade, todo ativo sofre variações, a todo instante, no seu preço. Essas variações ocorrem, basicamente, por força da oferta e demanda daquele tipo de ativo. Já a oferta e a demanda irão variar em função de outros fatores mais complexos. Por hora, compreenda que o seu imóvel, assim como qualquer imóvel, sofre variações constantes no seu preço. O que acontece é que, como você não tem uma maneira de conhecer, a cada minuto, a cotação do seu imóvel, você mantém na cabeça o último preço conhecido e toma aquilo como real.

Já no que se refere aos ativos financeiros negociados em Bolsa de Valores, como as cotas de fundos imobiliários, é fácil conhecer o preço. Lá, os compradores e vendedores estão cruzando suas ordens de compra e venda o tempo todo e formando um preço que é de conhecimento público.

Mas qual a vantagem do conhecimento da cotação dos ativos? Em primeiro lugar, o mercado financeiro não é exatamente eficiente na determinação do preço. É comum ocorrer, em determinados períodos, variações no preço de um ativo, de modo que ele fique extremamente barato ou caro. Ora, se você sabe que não há nada de errado com o ativo, foi apenas uma variação em função das distorções do mercado, está ali uma excelente oportunidade para comprar mais, pagando menos e, com isso, obter maior rentabilidade. As cotas de fundos imobiliários não são tão voláteis, isto é, não sofrem tantas variações no preço quanto as ações, mas sofrem alguma variação e é possível aproveitá-las a seu favor.

Outra vantagem do conhecimento do preço do ativo é para o investidor que definiu uma estratégia de investimento e alocação de ativos, e a segue à risca, fazendo, inclusive, balanceamento de carteira. Imagine alguém que definiu que irá manter 30% do seu patrimônio em imóveis, 30% em ações e 40% em renda fixa. Como ele poderá ser fiel à sua estratégia se não puder cotar os seus ativos? Não tem jeito!

Veja a cotação a mercado do seu patrimônio como uma vantagem e procure ter controle emocional para trabalhar isso a seu favor. Não se sinta impactado pelo pisca-pisca de seu *home broker*. Procure entender, ou simplesmente aceitar, que o mercado é vivo e as negociações diárias frequentes são uma forma de mantê-lo com vida, indefinidamente. Use isso a seu favor e lembre-se de que o mercado viverá mais do que você.

O mercado é tão vivo que nos acostumamos a ouvir com certa frequência frases do tipo: "O mercado está nervoso" ou "O mercado está muito calmo hoje", não é mesmo?

## Tributação

Todo investidor inteligente e honesto deveria se preocupar em pagar, de forma legal, o menos imposto possível. É óbvio que, quanto mais impostos você pagar, menos dinheiro produzido por seus investimentos irá sobrar no seu bolso.

Quem investe diretamente em imóveis tem que pagar imposto de renda sobre o aluguel recebido e sobre o ganho de capital. Salvo raras brechas legais, não tem muito como fugir do Leão. A tributação sobre os rendimentos no investimento direto pode chegar até 27,5%, dependendo da alíquota, e pode ser de 15% sobre o ganho de capital.

Já os investidores em fundos imobiliários pagam impostos somente sobre o ganho de capital na venda da cota. Os rendimentos recebidos mensalmente são isentos de imposto de renda para pessoas físicas. Porém, para que o investidor possa usufruir desse benefício, é preciso haver as seguintes condições:

- O fundo tem que ser negociado exclusivamente em Bolsa de Valores ou mercado de balcão;

- Deve ter mais de 50 cotistas;
- O investidor que irá se beneficiar com a isenção não pode possuir mais de 10% das cotas do fundo.

Na hipótese de o fundo estar enquadrado nas condições de ter mais de 50 cotistas e ser negociado em Bolsa, mas algum investidor possuir mais de 10% das cotas, esse investidor será tributado em 20% sobre os rendimentos distribuídos.

A isenção de imposto sobre os rendimentos recebidos é um excelente ponto positivo para os fundos imobiliários em face do investimento direto em imóveis. Viver de renda, ou simplesmente complementar a sua renda mensal, fica extremamente mais fácil com esse benefício fiscal.

No quesito ganho de capital, tanto o investidor em imóvel de maneira direta quanto o investidor em fundos imobiliários serão tributados na hora da venda de seu patrimônio. O primeiro em 15% e o segundo em 20%. Nessa condição, a do ganho de capital, o investimento tradicional em imóveis larga na frente, porém ele tropeça em outro fator que não é tributo, mas irá sair do bolso do investidor de qualquer maneira. Esse outro fator é a corretagem. As imobiliárias cobram em torno de 6% de comissão.

Em relação à corretagem, os investidores em fundos imobiliários podem ser menos penalizados. As corretoras costumam cobrar um valor fixo de corretagem ou uma porcentagem do volume negociado, mas essas duas formas de cobrança ficam bem abaixo dos 6% cobrados pelas imobiliárias. Além do mais, as corretoras concorrem umas com as outras e você sempre pode transferir seus recursos para as que cobram menos. Algumas inclusive dão isenção para as negociações de fundos imobiliários.

Há quem opte por realizar investimentos imobiliários via pessoa jurídica. Nesse caso, uma empresa que realiza investimentos imobiliários, além do imposto de renda, ainda paga PIS, COFINS e CSLL. Caso uma empresa invista em fundos imobiliários, ela será tributada em 20% tanto nos rendimentos quanto no ganho de capital.

O próprio fundo imobiliário também é isento de imposto de renda e PIS/COFINS, desde que respeitadas duas condições:

- Distribuir, no mínimo, 95% do lucro semestral;
- Não investir em empreendimento imobiliário que tenha como incorporador ou sócio de imóvel pertencente ao fundo cotista que possua isoladamente, ou em conjunto com pessoa a ele ligada, mais de 25% das cotas do fundo.

Para melhor visualização, observe as duas tabelas a seguir:

### Tributação FII x Empresa

| TRIBUTO | FII | EMPRESA | INCIDÊNCIA |
|---|---|---|---|
| PIS/COFINS | 0% | 9,25% | Receita |
| Imposto de renda | 0% | 34% | Lucro líquido |
| CSLL | 0% | 9% | Lucro líquido |
| Recebíveis imobiliários e cotas de FII | 0% | 15% a 22,5% | Rendimento |
| Aplicações financeiras não imobiliárias | 15% a 22,5% | 15 a 22,5 | Rendimento |

### Tributação para o investidor de fundos imobiliários

| INVESTIDOR | IMPOSTO SOBRE OS RENDIMENTOS | IMPOSTO SOBRE O GANHO DE CAPITAL |
|---|---|---|
| Pessoa física | 0% | 20% |
| Pessoa jurídica | 20% | 20% |

A nítida vantagem tributária que os fundos imobiliários têm sobre os rendimentos para o investidor pessoa física, quando comparados ao investimento direto em imóveis, enfatiza o fato de a grande vocação dos fundos imobiliários ser a geração de renda passiva.

## Rentabilidade

Rentabilidade nada mais é do que o retorno que você tem sobre o dinheiro que você investiu. A rentabilidade, tanto para o investimento tradicional em imóveis quanto para os fundos imobiliários, pode vir de duas maneiras. Uma delas é por meio dos aluguéis recebidos e a outra é a valorização do patrimônio que proporciona o ganho de capital.

Nos fundos, a valorização do imóvel tende a ser refletida no valor da cota. Quando falamos da rentabilidade total, estamos falando do ganho de capital somado aos rendimentos distribuídos.

A valorização dos imóveis está ligada a fatores que podem ou não estar sob o controle do proprietário ou gestor do imóvel. Alguns dos fatores que podem ser controlados e direcionam a propriedade para uma possível valorização são, por exemplo, uma boa gestão e manutenção do imóvel. Outros fatores que não podem ser controlados são melhorias públicas ao redor da propriedade ou maior demanda por aquele tipo específico de imóvel. Todas essas condições que podem aumentar ou diminuir o valor da propriedade são iguais tanto para o investimento tradicional em imóveis quanto para os fundos imobiliários.

Se, no quesito valorização patrimonial, podemos considerar o investimento tradicional em imóveis e os fundos imobiliários tecnicamente empatados, o mesmo não ocorre quando falamos dos rendimentos recebidos mensalmente. Despesas administrativas e impostos corroem os lucros. Por isso, se elas diminuírem, você recebe mais dinheiro e os lucros aumentam. Como vimos, não há tributação para os rendimentos recebidos pelos cotistas dos fundos imobiliários, e fatores como diluição do risco de vacância e o fato de os fundos investirem em imóveis comerciais – que costumam ter um aluguel maior do que imóveis residenciais – fazem com que eles levem vantagem e tenham, por isso, a capacidade de aumentar muito no longo prazo o retorno do investimento em fundos imobiliários em relação à aquisição direta de imóveis para locação.

## Facilidade de conhecer na prática

Os fundos imobiliários ainda têm uma grande vantagem que o investimento tradicional em imóveis não tem, que é a facilidade de conhecer na prática. Com pouco dinheiro e extrema rapidez, é possível comprar uma ou algumas cotas e fazer a experiência com esse tipo de investimento. Com o investimento tradicional, não é tão simples assim.

## E quanto às desvantagens?

É importante lembrar sempre que, em finanças pessoais, não devemos analisar os fatos somente pela lógica financeira e matemática. É fundamental que o aspecto humano também seja avaliado. Afinal, é importante que o investidor invista em paz e durma tranquilo. Veja, então, alguns fatores que podem ser vistos como desvantagens.

- **Dificuldade de conhecer os imóveis**

Para muitas pessoas, poder visitar, conhecer, tocar e poder passar sempre de carro na frente para poder ver como está o imóvel é algo muito importante. Isso é algo simples para quem realiza o investimento direto, mas pode ser algo bem mais difícil para o investidor de fundos imobiliários.

Um fundo imobiliário pode possuir diversos imóveis; só esse fator já dificulta a visita a cada um deles. Além do mais, o fato de ter cotas de determinado fundo não dá o direito ao cotista de entrar e sair de todas as dependências dos imóveis. É claro que é possível entrar em áreas públicas de alguns edifícios comerciais ou *shoppings,* mas por motivos óbvios não será possível fazer isso em toda a propriedade. Essa impossibilidade de acesso direto pode incomodar bastante alguns investidores, que não se sentem confortáveis em ver seu patrimônio apenas no extrato fornecido por sua corretora ou na tela do computador. Para essas pessoas, a dificuldade de ter acesso direto aos imóveis é uma desvantagem.

- **Impossibilidade de escolher os imóveis**

Quem investe diretamente em imóveis escolhe qual propriedade vai adquirir. Isso não é possível para o investidor de fundos imobiliários. Quem escolhe os imóveis do fundo é o gestor, sem nenhuma interferência do cotista. O investidor de fundos tem a opção de escolher em quais fundos irá investir, mas talvez ele nunca concorde plenamente com todos os imóveis que o fundo de que ele é cotista possui. Para alguns investidores de perfil conservador, delegar essa decisão para outro não é algo aceitável e, para essas pessoas, a impossibilidade de escolher em quais imóveis investir é uma desvantagem.

- **Impossibilidade de utilização como garantia**

Ninguém sabe ao certo quando poderá enfrentar situações em que precise de dinheiro. O correto seria que todos tivessem uma reserva financeira para situações de emergência. Na prática, não é todo mundo que age dessa maneira. Em situações em que seja necessário muito dinheiro imediato, imóveis reais podem ser dados como garantias de empréstimos. Isso gera um endividamento, mas pode resolver o problema da necessidade urgente de dinheiro. Isso não é possível para os investidores em fundos imobiliários.

Os investidores em fundos imobiliários têm outras opções, como o fracionamento, que permite a venda de algumas cotas para levantar o capital necessário ou até a comprovação de renda para conseguir crédito. Mas o fato de não poder utilizar o imóvel como garantia ainda é visto por diversos investidores como uma desvantagem, principalmente por quem tem um perfil mais tradicional. Por isso, em situações como essas, o investidor de fundos leva desvantagem.

- **Impossibilidade de barganha na compra**

Uma técnica bem comum para quem investe diretamente em imóveis é procurar pessoas endividadas que estejam precisando de dinheiro rápido e oferecer uma quantia menor que o preço de mercado para o pagamento à vista. Com isso, eles conseguem um desconto na hora de adquirir uma propriedade e isso aumenta a rentabilidade, seja para quem busca fluxo de caixa, seja para quem busca ganho de capital. Agir dessa forma não é possível para os investidores em fundos imobiliários.

Ao adquirir cotas pelo seu *home broker*, você pagará o preço de mercado, formado pela oferta e procura. Em situações específicas, você conseguirá barganhas mesmo com o preço de mercado, mas a negociação direta com vendedores endividados, como acontece com quem realiza o investimento direto, não é possível.

- **Tributação no ganho de capital**

Quem vende um imóvel com lucro tem que pagar imposto sobre o ganho de capital sobre a diferença entre o preço pago na compra e o preço de venda. A tributação será de 15% sobre o ganho. Os investidores de fundos imobiliários levam desvantagem nesse sentido. Apesar de serem isentos sobre os rendimentos mensais, ao realizarem uma venda com lucro, eles devem pagar um imposto de 20% sobre o ganho de capital.

- **Gestão profissional**

A gestão profissional, que foi citada anteriormente como sendo uma vantagem para os investidores de fundos imobiliários, também pode ser considerada uma desvantagem para muitos investidores. Algumas pessoas não se sentem confortáveis em delegar decisões sobre seus investimentos. Quem pensa dessa forma não tem o perfil para ser sócio de empresas geridas por outros ou para ser cotista de nenhum tipo de fundo e, para eles, a gestão profissional é uma desvantagem.

- **Oscilação patrimonial**

A negociação diária na Bolsa de Valores faz com que o preço das cotas sofra oscilações o tempo todo. Muita gente não gosta da sensação de ver o patrimônio oscilar e prefere ter o capital imobilizado em um investimento direto em imóvel, em que se mantém a sensação de conhecer o preço da propriedade.

Se existisse um sistema que computasse todos os preços dos negócios imobiliários que acontecem em uma grande cidade e disponibilizasse a cada minuto o preço do metro quadrado, a ilusão que muitas pessoas têm de conhecer o valor de mercado da sua propriedade deixaria de existir.

De qualquer maneira, para quem não tem controle emocional ou simplesmente não gosta de ver a oscilação do patrimônio, a cotação instantânea que acontece nos fundos imobiliários é uma desvantagem.

- **Controle direto da propriedade**

Quem realiza investimento direto em imóveis tem controle direto da sua propriedade. Com isso, o dono pode fazer o que bem entender com o imóvel: vender, transformar, deixar fechado ou reformar.

No investimento via fundos imobiliários, o investidor é um coproprietário extremamente diluído entre diversos desconhecidos. Não ter o controle direto da propriedade pode ser visto como uma desvantagem para diversos investidores.

## Para quem gosta de comprar e vender imóveis

Falamos muito sobre as diferenças entre o investimento direto em imóveis e o investimento em fundos imobiliários sob a ótica de quem busca renda. Porém, diversos investidores imobiliários investem buscando o lucro na venda da propriedade. Alguns constroem ou compram imóveis na planta visando venda com lucro ao término da construção.

Fundos imobiliários podem fazer isso por você. Os fundos de desenvolvimento para venda fazem justamente o trabalho de participar do desenvolvimento de imóveis para posterior venda, de onde vêm os lucros desse tipo de fundo. Havendo lucro, ele é distribuído aos cotistas com todas as vantagens tributárias que um fundo imobiliário possui, lembrando sempre que há os riscos de obra a serem considerados no fundo também. A diferença é que o investidor não será responsabilizado por pontos específicos internos ao longo da execução do projeto, apesar de poder ser impactado no que se refere ao resultado em si da operação, seja na velocidade de vendas, distratos ou inadimplências.

## Investir em imóveis tradicionais e em fundos imobiliários é a mesma coisa?

Esse é um tema bastante discutido e polêmico. Porém, com tudo o que já vimos, é simples responder: Não! Fundos imobiliários não são a mesma coisa que imóveis tradicionais. Apesar de o fundo não ser uma empresa, e sim uma comunhão de recursos com um objetivo comum, ao adquirir cotas de um fundo imobiliário você estará adquirindo uma participação em um negócio. Esse negócio é um sistema ou estratégia para fazer o dinheiro investido gerar mais dinheiro. E, assim como qualquer outra coisa que você possa fazer de forma individual ou em grupo, essa estratégia tem riscos, benefícios e até algumas desvantagens, como foi exposto.

Lembre-se de que alguns fundos nem investem em imóveis físicos tradicionais, e sim em recebíveis imobiliários. Alguns ainda investem em cotas de outros fundos. Por isso, falar que esses dois tipos de fundos, ou, ainda, os que investem somente em imóveis físicos tradicionais são a mesma coisa que imóveis tradicionais não tem cabimento.

Por serem ativos diferentes, em uma carteira de investimentos amplamente diversificada, você poderia ter imóveis tradicionais e fundos imobiliários. Porém, a maior parte das pessoas que está começando a investir em busca de independência financeira ainda não tem nem a casa própria - não que isso seja importante, mas essa discussão daria um capítulo à parte - e, menos ainda, tem dinheiro sobrando para ter vários imóveis geradores de renda periódica.

Uma alternativa que possibilitaria o investimento em imóveis físicos tradicionais, sem a necessidade de ter um grande capital, seria encontrar sócios para investir com você. Dessa forma, vocês conseguiriam ter um capital maior e comprar um imóvel, seja para locação, seja para posterior venda. Agora, imagine que algum de vocês tenha qualquer problema que o faça querer ter o dinheiro investido de volta. Não seria tão simples assim recuperar esse capital.

Neste aspecto, os fundos costumam ser uma sociedade mais bem organizada e fiscalizada do que seria uma entre você e seus amigos ou parentes. Sem contar que, por ter cotas negociadas em Bolsa de Valores, fica muito mais fácil entrar e sair do investimento.

Mesmo para o pequeno investidor interessado no investimento em títulos de dívidas imobiliárias, seria necessário ter um bom patrimônio para poder ser considerado um investidor qualificado e ter acesso a esse mercado, e ter muito dinheiro não é a realidade dos pequenos investidores. Os fundos que investem em títulos de dívida proporcionam esse acesso.

> ***Certos embates entre meios de investimentos não deveriam ser vistos como antagônicos, mas complementares entre si.***

## *COMPRAR IMÓVEIS FÍSICOS OU FUNDOS IMOBILIÁRIOS?*

### *A grande confusão*

*Este tem sido um dos questionamentos pertinentes que investidores iniciantes fazem quando buscam alternativas para alocar seu capital. O primeiro grande desafio nesse ponto é compreender nitidamente a diferença entre patrimônio e investimento. Parece algo trivial, mas não é.*

*Muitas pessoas possuem dificuldade de enxergar esse ponto de partida da discussão e, por vezes, não há como evoluir no diálogo sem deixar esta premissa bastante clara.*

*Deixemos de lado os imóveis por um minuto. Vamos pensar num simples automóvel de passeio. Se você compra um carro para usufruir com sua família, você buscou aumentar seu patrimônio a fim de trazer mais conforto a todos vocês. Correto? Mas, se você compra e vende carros, esses automóveis são usados como forma de investir e gerar ganhos adicionais.*

*Perceba que os carros que você negocia não são usados no seu dia a dia. Eles são usados justamente para produzir capital novo através da diferença entre o que você pagou e o que você vendeu.*

*Voltando aos imóveis: comprar um apartamento para morar com a sua família não é um investimento. Parece, mas não é, embora nos almoços de domingo, sua família possa dizer que é, possivelmente dando dezenas de exemplos de alguém que comprou um apartamento por R$ 100 mil há 20 anos, mora lá até hoje, e que agora vale R$ 1 milhão. Ok. E daí? O que uma coisa tem a ver com outra? Nada. A explicação é simples: você não vai ficar tirando sua família do seu conforto a cada semana que aparecer um comprador na sua porta. Tanto é que o exemplo dado lá no almoço confirma isso: estão no mesmo lugar há 20 anos, correto?*

*Acontece que você adquiriu patrimônio, fruto de outros investimentos que foram feitos por você ou simplesmente pelo suor do seu trabalho. Veja que não é um assunto fácil de ser entendido e aceito. Várias pessoas confundem esses conceitos.*

*É possível que ocorram polêmicas, mas a ideia é estruturar um raciocínio didático que lhe permita enxergar as oportunidades de investir em fundos imobiliários, sem culpas e receios.*

***Investimento direto em imóveis***

*O que percebemos, em linhas gerais, é que as pessoas que investem em imóveis físicos compram ativos residenciais. Temos uma visão de que esse segmento envolve riscos que, muitas vezes, não são percebidos pelos próprios investidores.*

*Some-se isso ao fato de que os custos de manutenção e reformas mais profundas quase nunca são contabilizados e deduzidos no retorno recebido ano a ano. E basta a saída do locatário para se perceber o estrago. A conta sempre chega e machuca o proprietário. A terceirização da administração tem custos altos e, mesmo assim, os aborrecimentos são inevitáveis, cedo ou tarde.*

*Em termos de renda, o importante a considerar é que, deduzin-*

*do os custos de administração e imposto de renda, o retorno total mensal tende a ser baixo.*

*Já no caso de imóveis comerciais, a nossa visão tende a outra linha. Normalmente, são investidores com um pouco mais de experiência imobiliária e que buscam ativos em que possam ter controle do terreno. Neste sentido, as opções são maiores para o longo prazo, pois a adaptabilidade junto ao imóvel é total, por exemplo: um restaurante hoje pode virar uma padaria amanhã.*

*A questão é que o sentimento de segurança dá conforto a quem investe. Talvez, esse seja o grande desafio a ser mais bem compreendido, isto é, até que ponto a suposta segurança não compromete todo o seu retorno?*

*Existe também outra vertical a ser explorada, que é o fato de que investidores buscam aquisição de terrenos para construção e posterior locação, ou até mesmo alienação pós-obra. Neste caso, temos também que considerar os segmentos residenciais e comerciais, ressalvando pontos específicos.*

*A preferência quase sempre é pelo residencial, até pelos custos envolvidos. Os exemplos clássicos são pequenas casas ou quitinetes, em que o foco são as famílias com renda média e baixa ou estudantes. Já no segmento comercial, o exemplo mais comum encontrado tem como objetivo a construção de galpões ou armazéns que possam ser utilizados por pequenas e médias empresas. Em termos de renda mensal há muitas diferenças, pois dependem de variáveis difíceis de ponderar caso a caso.*

*Quase sempre, os maiores ganhos são referentes aos ganhos de capital na alienação pós-obra, visto que a construção é feita por profissionais especializados, que conseguem bons preços pelos materiais e mão de obra. A margem nesse caso é alta.*

*Obviamente, não estamos tratando de questões que envolvem me-*

*gainvestidores imobiliários que fazem aquisições e construções com grandes cifras. O bolso neste caso é muito fundo, de* family offices *ou fundos de* private equity *com bastante* expertise *na área.*

***Colocando na balança***

*Dentre as principais vantagens, podemos citar:*

*Os* ***dividendos*** *de uma carteira diversificada de fundos imobiliários são maiores do que investir diretamente em imóveis físicos. Vale reforçar que os FIIs são líquidos para imposto de renda no que se refere às distribuições mensais, o que dá ainda uma grande vantagem competitiva. Para ganho de capital, aplica-se a alíquota de 20% na alienação.*

*Outro ponto a considerar é o fato de que normalmente os investidores de imóveis físicos buscam ativos residenciais, que oferecem retornos ainda mais comprimidos.*

*Não podemos deixar de falar sobre* ***liquidez****. Nos FIIs, a vantagem é visível, até porque temos, no momento em que se publica este livro, uma média diária na ordem de R$ 30 milhões, oferecendo flexibilidade para se montar e desmontar posições.*

*No caso dos imóveis físicos, a depender do ativo, pode-se levar meses para se concluir plenamente uma operação, além de todo o desgaste burocrático.*

*Um ponto importante também a se considerar é o* ***custo****. Temos, no mercado, três ou quatro corretoras que não cobram taxas sobre compras e vendas de cotas no mercado secundário.*

*Já no caso de imóveis físicos, os custos de comissão na corretagem, cartório e outros são expressivamente altos e muitas vezes inviabilizam algumas negociações, face aos altos custos cobrados pelas partes envolvidas.*

*Em relação à **gestão**, podemos interpretar com duas leituras distintas.*

*A primeira delas se refere ao fato de que, nos imóveis físicos, o trabalho dado ao investidor é grande e, normalmente, recheado de preocupações e aborrecimentos. Mas, por outro lado, as decisões são todas dele próprio: reformas,* retrofits, *renegociações, enfim, o investidor tem autonomia para a tomada da decisão, portanto, não a terceiriza. O imóvel é dele. Isso muda a hierarquia de decisões.*

*Voltando aos FIIs: é fundamental ter uma relação de confiança com o gestor e isto tem um custo que, por vezes, não traz o resultado esperado para o cotista, como pudemos perceber no passado recente em alguns casos específicos. Perceba que este último quesito é polêmico e exige maior aprofundamento para aferir juízo de valor adequado.*

*O ponto mais relevante a ser considerado no investimento em FIIs é a possibilidade de se pulverizar riscos de boa qualidade com um volume financeiro acessível. Muitas vezes, os investidores precisam acumular uma grande quantidade de recursos para adquirir um imóvel físico e, após essa operação, o resultado final será basicamente um locatário e um imóvel.*

*No caso dos FIIs, a história é diferente. A pulverização da receita é um sinônimo de sono tranquilo – além da possibilidade de reinvestir de forma ágil.*

# IV
# IMÓVEIS E O MERCADO IMOBILIÁRIO

*Para ser versado no idioma dos fundos imobiliários é preciso conhecer seu vocabulário, com seus termos técnicos específicos e suas principais aplicações.*

Vamos falar um pouco sobre imóveis e o mercado imobiliário. Afinal, se os fundos imobiliários são apenas uma maneira inteligente de realizar investimentos imobiliários, é importante ter noções das particularidades desse mercado. Isso permitirá melhor avaliação dos ativos que um fundo possui, além de aprimorar a sua capacidade de tomar decisões de investimento.

## Conceitos básicos e métricas

Ao longo da sua vida como investidor, você lerá notícias, relatórios, análises e pesquisas de mercado sobre o setor imobiliário, e participará de assembleias e discussões com administradores, gestores e demais investidores. É fundamental que você conheça alguns conceitos básicos e métricas utilizadas para ter melhor compreensão sobre o tema. Não se preocupe em decorar nada. Aos poucos, mesmo o investidor leigo vai se familiarizando e assimilando tudo.

Os termos e as métricas a seguir são utilizados no mercado imobiliário e estão descritos de forma superficial, sem grandes aprofundamentos e em ordem alfabética para facilitar eventual consulta posterior.

**Absorção bruta:** Área total locada em um determinado período. Inclui as renovações de contrato e os contratos novos.

**Absorção líquida:** Absorção bruta menos o total de contratos existentes não renovados. Esse dado é importante, pois demonstra se houve ou não aumento do espaço ocupado em determinado período.

**Aluguel mínimo mensal - AMM:** Termo comum no mercado de *shoppings*, indicando que as lojas pagam um aluguel mínimo mensal ou uma porcentagem das vendas.

**Área bruta locável - ABL:** É a área privativa do imóvel disponível para locação. Base para os contratos de locação por $m^2$ e para cálculos da capacidade de geração de receita. Informalmente conhecida como *"área de carpete"* ou *"área de vassoura"*.

**Área construída:** Área total construída do imóvel. Inclui áreas comuns, como recepção e *lobby*.

***Built to suit*:** É um termo utilizado no mercado imobiliário para identificar os imóveis construídos sob medida para o inquilino.

***Cap rate*:** *Capitalization rate* ou taxa de capitalização é o resultado da divisão dos rendimentos recebidos durante um ano pelo valor de mercado do imóvel. Essa métrica é importante para realizar a comparação entre diferentes ativos imobiliários.

**Certificação LEED:** *Leadership in Energy and Environmental Design* é uma certificação que alguns edifícios possuem por serem projetos sustentáveis do ponto de vista ambiental, que incluem o uso de energia solar e o reaproveitamento de água, entre outros aspectos.

**Custo de ocupação:** Todo o valor despendido para ocupação por $m^2$, incluindo aluguel, IPTU e condomínio.

**Custo de reposição:** Custo necessário para repor o imóvel, ou seja, construir um imóvel idêntico na mesma localização. Nesse custo, entram material de construção, mão de obra, terreno e despesas administrativas.

**Custo de vacância:** Valor gasto pelo proprietário para manter um imóvel vago. Geralmente é o valor do condomínio mais o IPTU.

***Flight to quality:*** Essa é uma expressão utilizada no mercado imobiliário para designar um movimento de mudança dos locatários de imóveis de menor qualidade para imóveis de maior qualidade. É um fenômeno comum em momentos de crise, quando há um excesso de oferta de imóveis e os inquilinos aproveitam para negociar e migrar para imóveis de melhor qualidade com preço de locação reduzido e carências.

***Funds from operation - FFO:*** É um indicador importante, pois demonstra a real capacidade de geração de caixa de um imóvel. É o que sobra, no fim das contas, no bolso do proprietário. É calculado subtraindo despesas financeiras e impostos do resultado operacional.

***Funds from operation yield* - FFO *Yield*:** Expresso em porcentagem, é a divisão do FFO pelo valor do imóvel.

***Leasing spread*:** É a diferença entre o valor de um contrato novo de aluguel e um contrato antigo para o mesmo imóvel.

***Net operating income* - NOI:** É o resultado operacional de um ativo imobiliário. É calculado subtraindo da receita de uma propriedade os custos e as despesas necessárias para a operação. Não inclui despesas financeiras. Para os familiarizados com finanças, o NOI é o EBITDA de uma propriedade voltada para a geração de renda.

**Período de carência:** Prazo com isenção de aluguel concedido ao locatário.

**Preço pedido de locação:** É o preço pelo qual o imóvel é anunciado, ofertado ao mercado diretamente pelo proprietário ou via corretores. É comum que na negociação de locação acabe ocorrendo alguma redução no preço e esse seja contratado por um valor menor que o preço pedido.

***Rent roll***: Lista de inquilinos de um imóvel. Inclui dados de locação, como metragem ocupada, duração do contrato, e pode incluir também o valor pago por $m^2$.

***Retrofit:*** É a reforma realizada em um edifício, buscando a sua modernização e revitalização para torná-lo competitivo novamente.

***Sale and leaseback:*** É um acordo comercial em que um imóvel é vendido e, imediatamente, o vendedor torna-se inquilino do imóvel.

**Taxa de ocupação:** ABL ocupada do imóvel dividida pela ABL total.

**Taxa de vacância:** ABL vaga do imóvel dividida pela ABL total. Não é considerado aqui o período de carência.

**Vacância física:** Porcentagem não alugada do imóvel. O mesmo que taxa de vacância.

**Vacância financeira:** Porcentagem do imóvel que não está gerando renda. Isso pode ocorrer quando o imóvel está fisicamente vago ou fisicamente ocupado, porém em período de carência.

## Ciclo imobiliário

Entender o ciclo imobiliário é fundamental para saber o que está acontecendo no mercado e definir a melhor estratégia de investimento. Os ciclos ocorrem por desarranjos entre a oferta de imóveis e a demanda por imóveis. Em momentos de alta demanda, muitos imóveis são lançados, mas construir um imóvel leva alguns anos. Em algum momento, uma grande quantidade de imóveis é colocada à disposição, baseada em uma demanda que era verdadeira no início da construção e que pode estar menor no momento em que os imóveis ficam prontos, gerando um excesso de oferta. Isso altera os preços - tanto os pedidos para locação quanto os preços de venda - e cria oportunidades para o investidor consciente.

Estudos diversos sobre o mercado imobiliário dividem os ciclos em quatro fases. Analistas, consultorias e autores representam essas fases das mais diversas formas gráficas. Uma maneira comum é em forma de relógio ou círculo. O importante é saber que o ciclo imobiliário existe e, independente da forma que é apresentado, ele ocorre da seguinte maneira:

Fase 1:

- É um período de recuperação. Ocorre após uma fase de baixa.
- Poucos imóveis novos são entregues.
- Começa a ocorrer uma redução na vacância e gradual elevação nos preços, o que serve de estímulo para que novos imóveis sejam construídos.
- Ainda existe algum sentimento negativo em relação ao mercado imobiliário. Esse sentimento ocorre devido à fase de baixa recente.

Fase 2:

- É um período de expansão.
- A vacância é baixa e os preços estão em alta. Isso anima construtores e investidores, que são atraídos para o setor atrás dos ganhos. Mais imóveis começam a ser construídos.

Fase 3:

- Os preços dos imóveis começam a se estabilizar.
- Começa a ocorrer um excesso de oferta gerado pela conclusão das obras dos imóveis que iniciaram suas construções nas fases anteriores.
- O lançamento de novos empreendimentos imobiliários se reduz drasticamente.
- A vacância começa a aumentar.
- Inicia-se aqui a próxima fase de baixa.

Fase 4:

- É uma fase de baixa com bastante pessimismo com o mercado imobiliário.
- O excesso de oferta gera uma grande redução nos preços de venda e locação.
- A alta vacância estimula o *flight to quality*.
- Com a redução da entrega de novos imóveis, a vacância começa a ser reduzida lentamente.
- O ciclo se reinicia na fase 1.

Os ciclos ocorrem basicamente por superoferta ou superdemanda, e a demanda tem correlação com o desempenho da economia.

Você pode identificar a fase em que o mercado se encontra por meio das características de cada uma. Ao entender o funcionamento do ciclo imobiliário, o investidor percebe que os preços dos imóveis e dos aluguéis não sobem eternamente – assim como um movimento de baixa também não será eterno. Isso permite enxergar os melhores momentos para compra e venda, bem como entender o que está acontecendo com a renda gerada pelos imóveis que você possui.

Observe que a transição da quarta fase para a primeira é o momento ideal para compra e, para quem pretende vender, o melhor momento seria entre as fases dois e três.

A pedra angular, quando olhamos para o setor de lajes corporativas e galpões logísticos, é que há ciclos para cada imóvel, cada região e cada cidade. Haverá sempre um grande ciclo imobiliário ocorrendo em algum lugar de um país de dimensões continentais como é o Brasil.

Porém, o investidor que busca maior nível de entendimento do produto deve fazer a leitura de ciclo para cada ativo presente em cada fundo. Muito longe de ser uma tarefa trivial, será a proximidade com os fundos listados que guiará o investidor naturalmente para essas respostas e, mesmo que ele não acerte na mosca, haverá sempre uma sensibilidade gradativa ao ponderar onde os ativos estarão posicionados dentro de seu próprio ciclo.

## Contrato de locação

Todo imóvel comercial deve ter um contrato de locação. Existem, basicamente, dois tipos de contratos: o típico e o atípico.

O contrato típico é o mais comum. Ele é semelhante a um contrato de locação residencial. Tem geralmente um prazo de duração de cinco anos; é reajustado anualmente em função de algum índice de inflação - como IGPM ou IPCA; prevê uma multa rescisória pequena - entre três e seis meses de aluguéis; e permite, no terceiro ano, uma revisão do valor do aluguel. Essa revisão dependerá das condições de mercado no momento. Em momentos de mercado mais aquecido, em que há uma alta demanda por imóveis, o proprietário leva vantagem e tende a conseguir um reajuste positivo. Em momentos de crise, em que há um excesso de oferta de imóveis, o inquilino leva vantagem e tende a conseguir a manutenção ou mesmo redução no valor do aluguel.

O contrato atípico é menos comum. Costuma ocorrer geralmente em imóveis construídos sob medida para o inquilino - *built to suit* - ou naqueles em que o proprietário vende o imóvel que está ocupando e, imediatamente, aluga esse imóvel - *sale and leaseback*. Esse tipo de contrato costuma ter um prazo maior do que os contratos típicos: geralmente tem duração de dez anos. Também é corrigidos anualmente em função de algum índice de inflação e, em caso de rescisão antecipada, prevê uma multa equivalente aos valores dos aluguéis que ainda deveriam ser pagos até o fim do contrato. Essa multa rescisória dá uma enorme segurança para o investidor.

Uma pontuação importante sobre os contratos atípicos é que, durante o período de vigência do contrato, o aluguel irá subir constantemente em função dos reajustes anuais. Ao fim do contrato, dependendo das condições econômicas do momento, o valor do aluguel poderá estar extremamente alto em relação ao que está sendo praticado no mercado e, nesse caso, poderá sofrer um reajuste negativo no novo contrato, com o mesmo ou um novo inquilino.

Ainda existe um terceiro tipo de contrato, utilizado em *shopping centers*. Ele é semelhante a um contrato típico, porém com uma participação nos resultados do lojista. Nesse caso, o valor do aluguel costuma ser o que for maior entre um valor fixo ou uma porcentagem nas vendas.

## Escritórios e lajes corporativas

A maior parte do mercado de imóveis para renda no segmento de lajes e escritórios se encontra nas cidades de São Paulo e Rio de Janeiro. Essas duas cidades são os principais centros econômicos e financeiros do país, onde a maioria das grandes empresas quer estar.

Cidades são como organismos vivos e estão em constante mutação. Isso faz com que uma localização privilegiada hoje não necessariamente seja o melhor lugar para comprar um imóvel em alguns anos.

As melhores localizações mudam em função do acesso, da infraestrutura, do entorno e dos próprios imóveis, que envelhecem. Imóveis podem se tornar, com o passar do tempo, obsoletos e menos competitivos. Novas tecnologias surgem, métodos e padrões construtivos evoluem, as necessidades do mercado mudam e os clientes buscam imóveis que satisfaçam seus interesses e necessidades. Mesmo passando por *retrofit,* em algum momento os clientes vão exigir imóveis mais modernos e migrarão para eles.

Para melhor definição da qualidade dos imóveis, existe um sistema de classificação que os divide em padrões A, B e C. No padrão A estão os melhores imóveis; B são bons imóveis, mas que não apresentam todas as características dos edifícios comerciais de primeira linha; e C são imóveis não tão novos, porém ainda competitivos, mas que já perderam ou não possuem as melhores características de qualidade exigidas pelos clientes.

Lembre-se de que as características usadas para classificação vêm daquilo que os clientes estão pedindo e que pode haver diferenças na avaliação, em função do que cada um usa como critério.

> ***Atenção: as tabelas apresentadas a seguir não são normativas ou impositivas, mas uma síntese de classificações que circulam informalmente entre os agentes do mercado de fundos imobiliários.***

Veja na tabela a seguir algumas das características mais comuns usadas para avaliação:

| | PADRÃO A | PADRÃO B | PADRÃO C |
|---|---|---|---|
| Tamanho da laje | 800 a 1.000 m² | 300 a 800 m² | < 300 m² |
| Pé-direito | Elevado | Normal | Normal |
| Piso elevado | Sim | Não | Não |
| Ar condicionado | Central | Central | Individual |
| Elevadores inteligentes | Sim | Não | Não |
| Vagas de garagem (ABL por vaga) | 35 m² a 45 m² | 45 m² a 60 m² | >60 m² |

Existem edifícios com características melhores do que os A. Esses recebem, dependendo do avaliador, outras classificações, como AA, AAA ou A+. Algumas dessas características são possuir lajes maiores que 1.000 $m^2$, heliponto, certificação *LEED* e mais vagas de garagem por ABL – área bruta locável.

Em todas as características existem flexibilizações. Um exemplo ocorre com vagas de garagem na cidade do Rio de Janeiro, onde é comum que bons edifícios tenham poucas – ou nenhuma – vagas de garagem, mas, por possuírem diversas características de imóveis de alto padrão, recebem uma classificação alta.

Edifícios mais antigos, que não possuem a maioria dessas características de qualidade citadas, simplesmente não são classificados. Visite o centro de uma grande cidade e observe os prédios de escritórios mais antigos. Em algum lugar do passado, eles já foram de primeira linha, mas com o tempo se tornaram velhos e perderam a competitividade.

## Galpões logísticos e industriais

Esse é um segmento muito explorado dentre os imóveis geradores de renda. A maioria dos galpões industriais e logísticos está localizada no entorno da Grande São Paulo. Em segundo lugar, vem o Rio de Janeiro.

As cidades crescem, restrições de tráfego surgem, rodízios de veículos e pedágios dificultam ou encarecem uma operação logística e os clientes sempre buscarão opções que atendam suas necessidades da melhor forma. Não só a questão da localização é importante, como também a qualidade dos imóveis é fundamental para que eles sejam competitivos na atração e retenção de inquilinos.

Galpões também têm um critério de classificação que, como dito sobre os escritórios e lajes corporativas, pode variar de avaliador para avaliador, mas sempre gira em torno daquilo que é buscado pelos clientes.

Para exemplificação, observe algumas dessas características:

| | |
|---|---|
| PADRÃO A | Cobertura termoacústica, pé-direito livre de 11 m, 1 doca a cada 750 $m^2$ com niveladoras, *sprinklers*, capacidade do piso acima de 5 toneladas por $m^2$ |
| PADRÃO B | São os que apresentam apenas algumas das características do A |
| PADRÃO C | São os mais simples, tendo apenas o espaço com cobertura para utilização |

Investidores ou gestores atentos às tendências de mercado, acompanhando grandes operadores logísticos, conseguem adaptar ou reciclar os imóveis antecipando tais tendências. Atualmente, diversos inquilinos estão migrando de galpões isolados para grandes condomínios logísticos e industriais, em que podem dividir despesas e ter maior segurança.

Veja o que pode ser encontrado dentro de um condomínio logístico de alto padrão e por que está se tornando cada vez mais difícil para um galpão isolado, logístico ou industrial, ser competitivo:

- Infraestrutura: balança de pesagem, salas de reuniões, auditório para palestras e treinamento, geradores de energia, enfermaria, sistemas de proteção contra incêndio.
- Segurança: segurança 24 horas, controle de acesso, eclusas para carretas, dilacerador de pneus.
- Administração: manutenção predial e limpeza.
- Sustentabilidade: reúso de águas, tratamento de esgoto, certificação *LEED*.

O proprietário que mantém um galpão simples e isolado pode perder muito em competitividade e acabar tendo que fazer grandes concessões em carência e preço de locação para atrair e manter inquilinos.

## *Shoppings*

Aqui está mais um setor, dentro do mercado imobiliário, repleto de particularidades. *Shoppings* refletem hábitos de consumo que variam entre regiões, faixas etárias e localização. Não sendo apenas centros de compras, os *shoppings* estão se transformando cada vez mais em espaços de lazer e convivência.

Gerar receita depende da capacidade de atrair pessoas. Para isso, localização, facilidade de acesso e concorrência são critérios importantes. Para atrair um grande fluxo de pessoas, os *shoppings* usam lojas âncoras, como grandes lojas de departamento e hipermercados, com ABL muitas vezes acima de 1.000 $m^2$. Além de cinemas, restaurantes, boliche, *games* e outras áreas de lazer e convivência. Como complementares – mas também importantes geradores de receita –, estão as lojas menores, chamadas de lojas satélites, além de serviços e conveniência.

Por refletir hábitos de consumo e lazer, um *shopping* leva tempo para maturar. Esse tempo, que já foi em torno de três anos, tem alcançado atualmente até seis anos, principalmente devido à concorrência e à capacidade de *shoppings* diferentes e concorrentes utilizarem atrações semelhantes.

As fontes de receita de um *shopping*, diferente do que foi dito sobre escritórios e galpões, não vêm somente do aluguel das lojas. Outras importantes fontes de receita são estacionamento, participação no faturamento das lojas e CDU - cessão de uso -, também conhecida como luvas. É mais comum que a cobrança de luvas seja somente para lojas satélites. Essa cobrança, quando ocorre, acontece na primeira locação e, posteriormente, nos novos contratos com novos inquilinos.

Sobre a participação no faturamento, os *shoppings* costumam cobrar o valor maior entre um aluguel fixo ou uma porcentagem no faturamento das lojas.

Quanto ao tamanho, os *shoppings* podem ser classificados da seguinte forma:

| | |
|---|---|
| MEGA *SHOPPINGS* | ABL > 60.000 m² |
| *SHOPPINGS* REGIONAIS | 30.000 a 60.000 m² de ABL |
| *SHOPPINGS* MÉDIOS | 20.0000 a 30.000 m² de ABL |
| *SHOPPINGS* PEQUENOS | ABL < 20.000 m² |

Ainda temos no Brasil uma relação de ABL em *shoppings* por mil habitantes abaixo da média de países mais desenvolvidos. Inclusive inferior a países com o mesmo nível de desenvolvimento. Isso sugere que, com uma recuperação econômica, ainda há muito espaço para crescimento no setor.

## Agências bancárias

Esse é um segmento em que era extremamente difícil de investir até algum tempo atrás. Porém, os bancos vêm desmobilizando o capital e vendendo algumas agências. Pessoas mais jovens, habituadas a realizar transações bancárias de forma digital, dificilmente frequentam as agências tradicionais e isso impulsionou não só a venda de agências como o fechamento de algumas delas.

Alguns bancos venderam uma grande quantidade de agências em pacotes fechados. Houve bancos que fizeram leilão de unidades isoladas. É bem provável que a venda de unidades continue.

Essas agências foram vendidas e locadas com contratos atípicos e, observando principalmente a tendência dos bancos de migrarem operações para o ambiente virtual, existe a possibilidade real de não renovação de diversos contratos. Caso esses contratos não sejam renovados, o valor desses imóveis estará na localização, para que possam ser vendidos ou destinados para outro tipo de inquilino, como o varejo de rua.

> ***Em São Paulo é comum as pessoas brincarem que todos desejam morar perto de uma estação do metrô, mas nunca na frente de uma. Esta anedota revela a importância da localização dos imóveis em relação à infraestrutura de transportes, essencial para as atividades econômicas.***

### *LOCALIZAÇÃO AO CUBO*

*Quando falamos de investimentos no ramo imobiliário, este é o mantra mais repetido por investidores a ser avaliado:*

***Localização x Localização x Localização = (Localização)³***

*Esta premissa é fundamental quando se avalia o valor de um ativo. Além disto, temos de considerar a tipologia do imóvel. Não há como generalizar ou arbitrar uma regra geral. Portanto, não queremos impor (pré) conceitos, e sim mostrar alguns pontos que devem ser considerados.*

*Empresas especializadas em* real estate *indicam que imóveis bem localizados saem antes da crise por terem esta vantagem competitiva, mas é importante saber separar os dados de mercado do que temos visto nos relatórios atuais dos fundos imobiliários listados em Bolsa.*

*Por outro lado, essa assimetria deve se corrigir com o tempo. Portanto, é bom ficarmos de olho e acompanharmos com lupa caso a caso.*

***Lajes corporativas***

*No caso dos grandes centros urbanos, especialmente em São Paulo e no Rio de Janeiro, o acesso via transporte público é fundamental para que imóveis com essa vocação tenham demanda consistente de locação.*

*A integração de serviços é um ponto a se considerar. Prédios comerciais precisam ter outros tipos de serviços à sua volta, como escolas, restaurantes, padarias, hospitais,* shoppings. *Enfim, tudo que é importante para o dia a dia dos profissionais.*

*Outro ponto a se avaliar é o DNA da região. Não adianta ter um ativo espetacular inserido em uma região que não se desenvolveu. Imóveis assim quase sempre terão aluguéis pressionados e o risco de vacância é potencialmente maior.*

***Galpões logísticos / industriais***

*O acesso pelas principais estradas do país é o ponto chave por aqui, especialmente em imóveis industriais.Outro ponto relevante é o fato de o imóvel estar localizado às margens da estrada, visto que isso se torna uma ação de marketing espontâneo para a própria empresa. O local vira um ponto de referência.*

*Já os galpões logísticos estão buscando instalações cada vez mais próximas dos centros urbanos. Essa mudança vem ocorrendo face ao comércio eletrônico, a fim de agilizar o processo de entrega dos produtos.*

### Shoppings

*Aqui não há muito segredo: em regiões maduras e consolidadas não há novas possibilidades para replicar novos* shoppings. *E, quando isso ocorrer, é importante verificar se são operações concorrentes ou complementares.*

*Procure ativos que tenham grande adensamento demográfico à sua volta. Inclusive, existe um* website *sobre isso:*

*https://populationexplorer.com.*

### *Agências bancárias*

*Procure por ativos onde há grande circulação de pessoas. Via de regra, bancos em centros urbanos atendem correntistas que não têm o hábito de acessar plataformas* online.

*Agências* premium *precisam estar localizadas em bairros nobres nas cidades e em grandes terrenos com amplos estacionamentos.*

### *Hospitais e universidades*

*A localização destes imóveis deve estar ancorada na macrorregião onde estão inseridos. Muitas cidades, inclusive, desenvolvem bairros universitários ou mesmo voltados para a área de saúde com a presença de clínicas, laboratórios, além dos grandes hospitais como principal referência.*

## Considerações finais

Ainda há muito a ser dito sobre o mercado imobiliário. Diversos setores poderiam ter sido explorados, como o hoteleiro e varejo de rua. Porém, falar de imóveis e o mercado imobiliário daria um livro à parte.

Diversos fatores econômicos influenciam diretamente no mercado imobiliário. Alguns desses fatores são PIB, inflação e taxa de desemprego.

Consultorias imobiliárias disponibilizam relatórios detalhados e gratuitos sobre o mercado imobiliário. Ler esses relatórios é muito enriquecedor para o investidor, que deve ter em mente dois aspectos: o primeiro é que investir diretamente nesses imóveis de alto padrão é impossível para a maioria das pessoas, pois tais imóveis custam milhões de reais, mas esse mercado pode ser facilmente acessado por qualquer um que tenha capacidade de poupança, via fundos imobiliários. O segundo é que é ineficiente analisar fundos imobiliários partindo somente de um ponto de vista financeiro. É fundamental para o investidor de fundos imobiliários que ele pense também com a cabeça de investidor imobiliário e faça o possível para conhecer mais sobre imóveis e o mercado imobiliário em geral.

# V
# ANALISANDO FUNDOS IMOBILIÁRIOS

*Imóveis pertencentes a fundos imobiliários geralmente dialogam com grandes metrópoles e grandes estruturas de transporte, como rodovias e entornos de portos e aeroportos. O que aumenta o desafio em analisar tais fundos é que as cidades não são estáticas: elas evoluem com o passar do tempo, assim como a infraestrutura de um país.*

Neste capítulo, iremos abordar alguns critérios importantes para fazer uma avaliação mais consistente de fundos imobiliários antes do investimento inicial e durante o período em que você mantiver as cotas na sua carteira de investimentos.

As principais metas de um investidor são a diminuição dos riscos para a preservação do capital e o aumento da rentabilidade. Uma boa análise influencia no resultado final dessas metas.

Não existe consenso claro entre analistas de investimentos sobre quais são exatamente os critérios mais importantes na escolha de um ativo. Isto é, não existe um critério mais importante do que outro para que eles possam ser organizados em ordem de importância. Todos devem ser considerados. Em conjunto, eles nortearão a decisão do investidor sobre a aquisição, ou não, das cotas de determinado fundo. Mas tome cuidado para nunca fundamentar sua decisão somente em um indicador. Um indicador isolado não é pilar de sustentação de nenhum investimento realizado de forma séria. À medida que você evolui como investidor, você desenvolve sua própria maneira de analisar ativos e o resultado dela pode ser facilmente medido por meio da rentabilidade dos seus investimentos.

Analisar ativos financeiros é, em parte, uma técnica e, em parte, uma arte. A parte técnica é facilmente apresentada. Já a parte artística está na organização e priorização dos critérios técnicos para formar o seu ponto de vista como investidor.

Vejamos, a seguir, alguns critérios importantes para uma boa análise de investimentos em fundos imobiliários.

## Aspectos qualitativos

Existem critérios técnicos para avaliar a qualidade de imóveis. Principalmente escritórios e galpões logísticos e industriais. Falamos sobre classificação imobiliária no capítulo anterior e você deve utilizar aqueles conceitos ao avaliar imóveis. Outro critério de qualidade muito importante para qualquer imóvel é a localização. Clientes querem imóveis novos, modernos, econômicos e na melhor localização possível. Não adianta muito um imóvel triplo A em uma localização em que não há demanda por aquele tipo de imóvel. Ao pensar em demanda, lembre-se do ciclo imobiliário e de onde estamos dentro do ciclo.

*Shoppings* são avaliados em função da sua maturidade e consolidação, além da capacidade de atrair pessoas e gerar renda. Localização aqui também é fundamental, bem como o adensamento no entorno e as facilidades de acesso.

Fundos de agência foram lançados com contratos atípicos. Não há garantias de que tais contratos serão renovados após o vencimento. Caso a renovação não ocorra, o valor dos imóveis – e o que os tornará competitivos para atrair novos clientes ou compradores – dependerá da localização.

Ao comprar cotas em fundos imobiliários, você está comprando pedacinhos de imóveis para renda, e nenhum indicador é válido se a qualidade dos imóveis do fundo for ignorada.

***Ao adotar padrões comparativos de referência, fica mais fácil analisar algo que a princípio é complexo. O Fiikipedia lhe ajuda nessa abordagem.***

**_PADRÃO CONSTRUTIVO_**

*Comprar cotas de fundos imobiliários não é um concurso de Miss. No entanto, ativos de alto padrão tendem a oferecer resultados mais robustos e consistentes em uma régua maior de tempo.*

*Sejamos práticos com alguns pontos que devem ser observados ao escolher um ativo de forma adequada no setor de lajes corporativas:*

1. *Andares divisíveis em ao menos dois conjuntos.*
2. *Flexibilidade para implantação de escadas internas.*
3. *Elevadores inteligentes.*
4. *Sanitários dentro da área privativa.*

*Com relação ao estacionamento e à infraestrutura em geral, é válido perceber:*

5. *Vagas livres com tamanho médio e grande.*
6. *Área VIP e para demais visitantes.*
7. *Salas exclusivas para concessionárias de energia e telefonia.*
8. *Espaço para antenas na cobertura e* walking shafts.

*Não para por aí. A demanda do mercado faz com que as empresas de construção civil busquem inovações tecnológicas a fim de trazer mais conforto ao ambiente de trabalho:*

9. *Ar condicionado com central gelada.*

*10. Funcionamento 24 horas de* chillers *e gás.*

*11. Vidros com isolamento acústico e térmico.*

*12. Piso elevado para abrigar cabos e fibras óticas.*

*Some tudo isso à necessidade de segurança e eficiência energética:*

*13. CFTV público e privado.*

*14. Elevadores independentes até o subsolo.*

*15. Escadas de emergência pressurizadas.*

*16. Heliponto.*

*E a busca constante pela eficiência fez com o mercado buscasse ativos que tivessem certificação ambiental, a fim de chancelar todo o projeto:*

*17. Sustentabilidade do espaço.*

*18. Racionalização do uso da água.*

*19. Eficiência energética.*

*20. Qualidade ambiental interna.*

*21. Materiais e recursos.*

*22. Inovação nos processos de projeto.*

*Mudando agora para os galpões industriais e logísticos, eis alguns pontos a serem observados:*

1. *Altura do pé-direito e distância entre pilares.*
2. *Capacidade do piso e quantidade de docas por* $m^2$.
3. *Eficiência de ocupação: área fabril* versus *área locável.*

4. Sprinklers *para combate a incêndios.*
5. *Pátio de manobras e vagas de espera.*

*Assim como em lajes, cabe lembrar que os galpões podem buscar também a certificação ambiental.*

*Outros pontos importantes para observar sobre os galpões estão relacionados à necessidade de maior adequação de suas operações em função da expansão do comércio eletrônico:*

6. *Simplificação de operações com estrutura administrativa integrada.*
7. *Proximidade do consumo em áreas urbanas.*
8. Cross docking – *docas para ambos os lados.*

*Finalmente, cabe destacar o conceito de* last mile*: a última milha.*

*Cada vez mais os galpões deverão estar próximos dos centros urbanos para que as entregas ocorram no mesmo dia. É uma tendência mundial e o Brasil não ficará de fora, especialmente com a chegada da Amazon ao território nacional.*

## Conhecendo o fundo em que você pretende investir

Os fundos imobiliários não são todos iguais, seja quando falamos de fundos de tijolo de um único segmento, fundos de recebíveis imobiliários ou mesmo de fundos de fundos. Já nos fundos de desenvolvimento, talvez seja onde as diferenças fiquem mais evidenciadas.

Saber onde você está alocando seu dinheiro é fundamental. Algumas pessoas investem em ações, mas não fazem a menor ideia do que as empresas das quais elas se tornaram sócias fazem, que produtos elas produzem ou qual serviço elas prestam. Aliás, algumas nem sabem que se tornaram sócias da empresa. Você provavelmente irá perder dinheiro com ações sem conhecer as empresas em que você investe. Com fundos imobiliários não é diferente.

Em qual mercado o fundo em que você está interessado se insere? Ele investe em *shoppings*, galpões ou *flats*? É mesmo um fundo que visa à renda ou o objetivo é liquidar todo o patrimônio visando ao ganho de capital? O fundo tem prazo para acabar? É um fundo de gestão ativa? Essas são algumas informações que você deve buscar.

Não faz sentido adquirir uma cota de um fundo sem saber que tipo de fundo é: no que o fundo investe e como ele investe. Essas questões serão respondidas ao ler dois importantes documentos: o regulamento e o prospecto do fundo.

No regulamento, você encontrará:

- Os tipos de investimentos ou empreendimentos imobiliários que poderão ser realizados;
- O prazo de duração do fundo;
- A política de investimento do fundo;
- A taxa de ingresso ou os critérios para a sua fixação;
- O número de cotas a serem emitidas;
- A possibilidade ou não de futuras emissões;
- Os critérios para subscrição de cotas;
- A política de comercialização dos empreendimentos;
- O mecanismo de distribuição de resultados;
- A qualificação do administrador e suas respectivas obrigações;
- O tratamento das despesas e dos encargos;
- Os critérios para apuração do valor patrimonial das cotas;

- As informações obrigatórias a serem prestadas aos cotistas;
- A taxa de administração;
- As demais taxas e despesas;
- Os casos de dissolução e liquidação do fundo, bem como os mecanismos previstos.

No prospecto, você encontrará:

- Informações sobre o administrador do fundo;
- Os objetivos da gestão do fundo;
- A explicação da política de investimentos;
- O público-alvo a que se destina o fundo;
- As hipóteses de contratação de terceiros para prestação de serviços;
- A política de distribuição de resultados;
- Os riscos envolvidos;
- O estudo de viabilidade.

Em um primeiro momento, ao se deparar com um regulamento e um prospecto, talvez você se assuste com a quantidade de informações, mas logo estará familiarizado e saberá ir direto ao ponto, buscando as informações de que necessita.

Outra forma importante para o conhecimento e acompanhamento da administração do fundo é a leitura dos relatórios e informes periódicos feitos pelo administrador. Esses documentos são, literalmente, a satisfação que o administrador dá aos cotistas e ao mercado em geral.

Como primeira fonte de informação, o relatório gerencial emitido mensalmente é uma excelente opção e dá uma boa visão sobre diversas características do fundo. É um relatório pequeno e de fácil compreensão. A partir dele, já é possível tomar uma decisão sobre descartar o fundo por não estar dentro das características que você está buscando ou continuar seus estudos para obter mais informações sobre o ativo específico.

O acesso a esses documentos é público e eles podem ser obtidos com o administrador ou no *site* da Bolsa de Valores.

> ***Warren Buffet tornou célebre a seguinte frase:* "O preço é o que você paga; o valor é o que você leva" *- esta lógica também se aplica aos fundos imobiliários.***

## *O PREÇO*

### *Preço importa ou não importa?*

*Muitos podem pensar que vamos discutir estratégias de compra e venda -* trades *- em fundos imobiliários. Pelo contrário, o importante aqui é abordar os preços praticados - $m^2$ patrimonial, mercado e aluguel - nos fundos imobiliários, a fim de criar uma referência para nossos estudos.*

*A ideia de usar a estratégia por comparação de pares é ter melhor alinhamento com a realidade, seja pelo preço de negociação ou também pelos fundamentos de cada fundo.*

### *Quais preços são importantes?*

1. ***O $m^2$ patrimonial****: esse é o preço que aparece nos informes e relatórios. É calculado uma vez ao ano por empresas especializadas no setor imobiliário. Esse preço tem forte relação com a ocupação do imóvel. Portanto, ativos com vacância tendem a perder valor no tempo.*

2. ***O $m^2$ de mercado****: esse é o preço na pedra, como estamos*

*acostumados a dizer no jargão de mercado. Não adianta discutir. É o que está no* book.

3. **Aluguel**: *aqui é importante saber quanto o locatário está pagando pela área ocupada. Em fundos maiores usamos uma média geral como referência.*

*Existem materiais especializados de consultorias imobiliárias que trazem resultados médios, especialmente do eixo Rio–São Paulo, nos dando condições de avaliar de forma eficiente o retrato do mercado em comparação aos fundos imobiliários.*

## *O preço como estratégia*

*Compreenda que a renda funciona como farol: uma sinalização para você realizar as suas escolhas. Aqui começa a polêmica de verdade.*

*Ao realizar uma compra a um determinado preço, o seu resultado poderá ser completamente diferente, seja para o lado positivo ou negativo. Mas, neste caso, você está pensando numa compra em lote e isso, para efeitos didáticos, deve ser visto como uma estratégia de curto e médio prazo. Nada contra. Porém, o investidor comum não pode defender os fundamentos com o foco exclusivo no preço. Isso quase sempre dá um grande curto-circuito mental inconclusivo.*

*Para o comprador mensal de cotas de fundos imobiliários, que não tem a prerrogativa de girar a carteira em busca de gerar* alpha, *a composição da renda global e a quantidade crescente de cotas são o que importa. Neste sentido, basta sistematizar suas compras e seguir seu plano. O nível de estresse aqui é bem próximo de zero.*

*Em tempo, gerar* alpha *é conseguir extrair do mercado retornos acima do convencional. Um investidor mais ativo busca* alpha *para sua carteira com determinada frequência. Por isso, é difícil aceitar que o preço seja, necessariamente, 100% da decisão de um investidor. É uma sinalização, mas não é tudo.*

*É importante verificar sua sustentabilidade no médio e longo prazo, a qualidade e as projeções de cada fundo imobiliário, ou seja, seu valor intrínseco, e ponderar qual o preço adequado, que ainda deve ser comparado com seus pares listados no mercado. Esse parâmetro talvez seja um dos mais eficientes para boa parte dos investidores.*

*Fora isso, tudo não passa de uma simples questão de fé.*

## A renda

*"Renda passada não é garantia de renda futura"* - reza o ditado. Mas estudar o histórico da renda que vem sendo distribuída pode lhe dar boas pistas sobre a qualidade do fundo, o trabalho que a administração e gestão vêm desenvolvendo, e se ele se encaixa ou não no seu objetivo de encontrar bons geradores de renda.

A renda que vem depositada na sua conta é fruto, basicamente, dos aluguéis recebidos dos imóveis que o fundo possui e, eventualmente, da venda de algum desses imóveis. Pode vir também da negociação de ativos de renda fixa ou variável realizada pelo fundo ou de rendimentos desses ativos financeiros. O resultado de toda a receita do fundo, descontada das despesas diversas, dará o lucro final. Parte desse lucro - ao menos 95% dele - é distribuída aos cotistas mensalmente em forma de dividendos; o restante pode ficar em caixa.

A renda que vem do aluguel e atividades operacionais, e tem certa constância, é chamada de renda recorrente. A renda que ocorre eventualmente, por exemplo, após a distribuição do lucro gerado pela venda de algum imóvel ou ainda após um inquilino inadimplente pagar os aluguéis atrasados em um montante único, é chamada renda não recorrente.

Observe que alguns fundos têm grande variação mensal na renda distribuída. Um exemplo são os fundos que investem em *shoppings*. Essa variação ocorre porque as vendas têm total relação com as particularidades de geração de renda de um *shopping*. Já fundos de escritórios e galpões ou fundos em que os imóveis têm contrato atípico terão menos variação. Outros fundos podem ter contratos com algum inquilino prevendo o pagamento de todo o aluguel anual em um montante único. Quando esse pagamento ocorre, o fundo distribui um rendimento maior do que nos outros meses.

Outro fator que pode gerar uma distorção pontual nos rendimentos distribuídos é um ajuste para se enquadrar na regra dos 95%. O fundo deve distribuir, no mínimo, 95% do lucro semestral e, quando, no fim de um semestre, o valor total distribuído ainda é inferior aos 95%, o fundo deverá distribuir o restante para cumprir a regra.

Observe também o tipo de contrato que o fundo possui com seus inquilinos e os índices de inflação que irão corrigir o aluguel. São contratos típicos ou atípicos? Os atípicos darão mais segurança para o investidor até o término do contrato. É importante saber quando terminam os contratos para entender até quando aquela renda irá durar. Após o término de um contrato, seja ele típico ou atípico, ele poderá não ser renovado. Em caso de não renovação, a renda produzida por aquele imóvel específico ou pela área locada deixará de existir até que outro inquilino seja encontrado para ocupar aquele espaço. Mesmo que haja uma renovação imediata, seja com o mesmo inquilino, seja com outro, o novo contrato poderá ter um valor maior ou menor.

Um ponto importante a considerar nessa relação entre contratos e renda, especialmente no arcabouço dos contratos atípicos, é verificar o momento em que eles foram assinados.

Contratos atípicos assinados em momento de alta do mercado

criam distorções nos vencimentos. Na situação inversa, isto é, quando assinados em momentos de baixa geral de mercado, podem ser excelentes opções, visto que possuem um carregamento interessante com proteção inflacionária durante a vigência e, no vencimento, há boas chances de renovações favoráveis ao fundo.

O mais importante é monitorar distorções entre os preços contratuais e os preços de mercado, e calibrar sua posição e perspectivas quanto ao fundo, de forma a não correr um risco de revisional negativa muito agressiva no vencimento. Vale pontuar que o mercado procura antecipar esses movimentos no preço da cota.

Todo investidor deve ter ciência de que, ao comprar um fundo imobiliário, na verdade está se associando a um fluxo de caixa. E, neste sentido, ele deve avaliar a consistência desse fluxo ao longo do tempo. Mais uma vez, retomamos o tema da perenidade.

Qualquer imóvel vago gera despesas como condomínio e IPTU. Como essas despesas serão pagas pelo fundo com o dinheiro proveniente dos demais espaços que estão locados e gerando receita, o lucro irá diminuir e os dividendos distribuídos aos cotistas também poderão ser reduzidos em função dessas despesas. Daí a importância de saber a quantidade de ABL – área bruta locável – que está vaga.

Fundos com imóveis de qualidade e bem geridos costumam ter uma vacância inferior à média do mercado, inclusive em épocas de crise. Isso não é uma regra absoluta, e a história dos fundos no Brasil já nos mostrou isso, mas, sim, é uma tendência natural quando consideramos o longuíssimo prazo. Por isso, a análise desses dados não deve ser feita de forma pontual. É importante analisar o histórico de vacância. Você encontra informações sobre a vacância do seu fundo nos relatórios emitidos pelo administrador, e dados sobre a vacância geral na região em que está o imóvel que você está analisando nos diversos relatórios gratuitos fornecidos por consultorias especializadas no mercado imobiliário.

Imóveis bons podem estar com alta vacância devido ao momento econômico. Por isso, é fundamental entender onde estamos dentro do ciclo imobiliário.

É comum que grande parte dos investidores analise um fundo somente em função dos dividendos distribuídos regularmente. Por isso, quando a renda diminui, muita gente vende as cotas e o preço se reduz na Bolsa. O investidor atento e consciente pode aproveitar o momento para comprar cotas de bons fundos, pagando um preço menor, e garantir maior capacidade de geração de renda no futuro e ganho de capital por meio do aumento do preço da cota, quando os espaços vagos forem ocupados e uma renda maior começar a ser distribuída.

A estratégia de comprar bons espaços vazios por um preço menor visando à renda e valorização futura é chamada de compra de vacância: ela tem seus riscos, pois a recuperação econômica e do fundo nunca é uma certeza absoluta, mas é uma estratégia comum em fases de baixa do mercado imobiliário ou ainda em eventos pontuais de vacância gerada pela saída de um grande inquilino.

A compra de vacância pode estar associada com vários critérios: o mais usual deles é quando o preço negociado por metro quadrado no mercado secundário está abaixo do custo de reposição. Isto é, se um empreendedor for construir um prédio com o mesmo projeto ao lado, ele gastará mais do que se simplesmente comprasse o prédio pronto na Bolsa por meio do fundo imobiliário.

A renda distribuída é o que chamamos de dividendos. Quando buscamos bons pagadores de dividendos, existe um importante indicador para facilitar a nossa análise. Esse indicador é o *dividend yield*. O *dividend yield* é obtido dividindo o valor em dinheiro que cada cotista recebeu por cota, pelo preço da cota.

Por exemplo, imagine que um fundo qualquer, cujo preço da cota seja R$ 1.000,00, distribua aos seus cotistas mensalmente R$ 7,00 por cota. Qual é o *dividend yield* anual desse fundo?

*Dividend yield* = dinheiro recebido no ano / preço da cota

*Dividend yield* = (7 x 12) /1000 = 0,084 ou 8,4%

De posse dessas informações, você começará a formar sua ideia de preço justo.

O preço é importante ou não? Veja bem, o seu retorno tem total relação com o preço que você paga pela cota. No exemplo anterior, um investidor que pagou mais que R$ 1.000,00 pela cota, em um mercado eufórico e aquecido, irá receber os mesmos R$ 7,00 mensais, mas o *yield* desse investidor será menor. O contrário acontece com quem aproveitou uma oportunidade de um mercado em baixa e comprou a cota desse mesmo fundo por menos de R$1.000,00: esse investidor terá um retorno maior sobre o capital investido.

O *yield* não deve ser considerado como dado isolado para análise de um fundo. Não podemos ignorar os aspectos qualitativos do fundo, pois *é a qualidade dos imóveis que possibilita a geração de renda*. Ainda assim, ao se deparar com um *yield* qualquer de um fundo imobiliário em análise, como um investidor pode saber se aquela remuneração é justa ou não para remunerar seu capital? Para responder a essa questão, sugerimos duas comparações:

A primeira: se você está usando fundos imobiliários como um substituto do investimento direto em imóveis, compare o *yield* do fundo com o retorno que você poderia obter investindo seus recursos diretamente em um imóvel. Não se esqueça de que há tributação no investimento direto e isso não ocorre nos fundos imobiliários.

A segunda: compare com um título longo do Tesouro Nacional – NTNB, excluindo o índice de inflação atrelado ao título. Em um ciclo imobiliário completo, bons imóveis têm, historicamente, compensado as perdas inflacionárias. Como um ciclo imobiliário pode durar anos e fundos imobiliários são investimento de longo prazo, você deve fazer essa comparação com um título de duração semelhante, ou seja, um título de longo prazo. Se o título com vencimento longo escolhido pagaria IPCA + X% ao ano, você desconsidera o IPCA e compara o *yield* do fundo em análise com o X% ao ano de retorno do título. O ideal é que o retorno do fundo seja superior a um investimento considerado mais seguro, como um título do Tesouro, mais um prêmio de risco.

Um fundo que vem apresentando um bom histórico de distribuição de dividendos é um fundo que pode se enquadrar nos nossos objetivos quando estamos procurando bons fundos para investir. Claro que não devemos usar somente o *dividend yield* para fundamentar nossa decisão de compra, mas ele é, sem dúvida, um importante indicador.

Com o objetivo de manter uma renda mensal distribuída o mais constante possível, muitos gestores acumulam parte dos recursos provenientes dos aluguéis pagos em épocas de bonança para distribuir em momentos de alta vacância. Obviamente, esses recursos são finitos e a renda irá se reduzir quando esses recursos acabarem, caso as áreas vagas não sejam ocupadas.

Ao analisar a renda, é importante saber se ela está sendo gerada naquele momento pelas atividades operacionais do fundo ou por qualquer outro evento não recorrente, como, por exemplo, os lucros imobiliários de alguma venda interna ao portfólio.

Para conhecer a real capacidade de geração de fluxo de um fundo imobiliário, podemos utilizar outra métrica que é o *Funds From Operation* ou FFO. O FFO é basicamente a receita operacional líquida desconsiderando ganhos com a venda de propriedades e despesas financeiras. O FFO ainda pode ser ajustado para desconsiderar receitas e despesas não recorrentes.

A partir do FFO, é possível calcular o FFO/cota, dividindo o valor em reais do FFO pela quantidade de cotas, e calcular o FFO *yield,* dividindo o valor obtido na conta anterior pelo preço da cota.

Tanto o *Funds From Operation* quanto as métricas que derivam dele são medidas não contábeis, porém bastante utilizadas na análise de fundos imobiliários quando o objetivo é trabalhar com real capacidade de geração de receita operacional.

O FFO *yield* ou o *dividend yield* são métricas relativas ao fundo imobiliário que está sendo analisado e não a um imóvel específico. Para analisar a capacidade em potencial de geração de caixa de um imóvel, é utilizada outra métrica: o *CAP RATE* ou *Capitalization Rate.* O cálculo é feito dividindo a renda produzida pelo imóvel objeto da análise pelo valor do imóvel.

*CAP RATE* = renda anual produzida / valor do imóvel

Um detalhe importante que deve ser considerado ao analisar métricas que envolvam a variável preço, como o *dividend yield* ou o *Capitalization Rate,* é que o preço pode estar baixo devido a problemas específicos do fundo ou imóvel e induzir o investidor ou analista ao erro. Por isso, você deve sempre averiguar a qualidade do patrimônio.

## Fundos com renda garantida

Uma prática comum no passado recente do mercado de fundos

imobiliários é a promessa de uma renda mínima para o cotista por um determinado período. O prazo de duração da renda mínima, quando ocorre, varia de fundo para fundo.

Quem paga essa renda para o fundo, que por sua vez distribui para os cotistas, é geralmente quem vendeu o imóvel para o fundo. Os pagamentos ocorrem de forma mensal, com o valor necessário para complementar a renda gerada pelo fundo e garantir a distribuição para os cotistas do valor mínimo prometido no lançamento.

Essa prática atrai investidores que se encantam com o termo *"renda garantida"* e, por não lerem com atenção o prospecto ou os relatórios posteriores, não observam que a renda é por tempo determinado.

Fundos com renda mínima garantida costumam estar com imóveis em construção, recém-lançados, mas ainda vazios ou em processo de maturação.

Quando bem calculada no lançamento, a renda mínima pode ser uma boa, pois irá gerar dividendos para o investidor por um determinado período, permitindo que o imóvel comece a produzir receita. Posteriormente, quando o período de renda mínima terminar e o imóvel estiver caminhando com suas próprias pernas, a receita proveniente das atividades operacionais do fundo poderá ser maior ou menor, mas aí já é outra história: é possível fazer estimativas, mas ninguém conseguirá prever isso com 100% de exatidão no lançamento.

Muitos que compram cotas desses fundos se esquecem do fato de que a renda é por tempo determinado e se iludem com os ganhos fáceis da renda garantida. Outros pretendem vender as cotas com facilidade quando essa renda garantida deixar de existir, caso o fundo não esteja gerando uma renda satisfatória. Eles podem até estar certos e conseguir vender com facilidade, mas, devido ao grande número de pessoas querendo vender, a tendência do preço da cota é despencar. Nesse caso, provavelmente quem estiver vendendo às pressas terá que aceitar um preço menor pelas cotas, talvez até menos do que o preço pago na aquisição, e isso pode resultar em um grande prejuízo.

É fundamental que, ao analisar a renda que um fundo gera, o investidor saiba se esse fundo está em período de renda garantida. Se bem analisado e estudado, o investimento em um fundo desse tipo pode ser interessante. Por meio dos relatórios periódicos, é possível acompanhar e calcular o rendimento real por cota sem a renda mínima garantida e, então, concluir se é válida ou não a entrada ou permanência no fundo.

No Brasil, tivemos casos de sucesso com esse mecanismo de RMG – Renda Mínima Garantida. Poucos casos, mas tivemos. No geral, não foi uma boa experiência. O mercado, atualmente, já não aceita muito bem esse instrumento, que tem muito mais um viés comercial do que imobiliário.

## O valor patrimonial da cota

O patrimônio de um fundo imobiliário que investe em imóveis para renda são os imóveis que o fundo possui. Parte desse patrimônio também é formada por caixa e aplicações financeiras que o fundo possa ter. O valor do caixa e demais aplicações é óbvio. Já o imóvel passa por avaliações periódicas, geralmente anuais, para definição do seu valor patrimonial. Em um fundo imobiliário, o imóvel não consta no balanço como um ativo imobilizado, e sim como ativo para investimentos. Portanto, ele não sofre a depreciação contábil e a determinação do real valor de cada propriedade depende dessa avaliação periódica.

A forma mais comum de avaliar o valor do imóvel é o método

chamado de fluxo de caixa descontado. Esse método consiste em fazer uma projeção da capacidade de geração de renda do imóvel por um determinado período e, com base nos fluxos de caixa que o imóvel irá gerar, calcula-se seu valor. É importante saber que a projeção do fluxo de caixa é feita com base no cenário econômico do momento, portanto é possível haver distorções em fases diferentes do ciclo imobiliário, principalmente com uma vacância elevada. A comparação com imóveis semelhantes também pode ser usada para a definição e os ajustes do valor do imóvel. Você encontra essa informação nos comunicados oficiais distribuídos pelo administrador.

O valor patrimonial da cota é o valor obtido mediante a divisão do valor do patrimônio líquido pela quantidade de cotas representativas do capital social. O patrimônio líquido demonstra o que os cotistas têm de fato, pois ele é a somatória de tudo de valor que o fundo possui, excluindo as suas possíveis dívidas e obrigações. Portanto, o valor patrimonial da cota mostra o quanto do patrimônio do fundo cada cota representa.

Valor patrimonial da cota =
patrimônio líquido do fundo / quantidade de cotas

Não necessariamente a cota é negociada na Bolsa de Valores pelo seu valor patrimonial exato. Aliás, dificilmente isso ocorre. Devido a distorções do mercado, perspectiva de crescimento ou encolhimento, ou ainda a uma alta ou baixa distribuição de dividendos, entre outros fatores, a cota geralmente é negociada a um valor diferente do seu valor patrimonial. O mercado tende a antecipar e refletir no preço da cota aquilo que considera que irá acontecer no futuro. Perspectivas otimistas fazem com que o preço seja negociado acima do seu valor patrimonial e perspectivas pessimistas fazem com que o preço seja negociado abaixo do valor patrimonial.

Existe uma famosa métrica que relaciona o preço negociado em Bolsa com o valor patrimonial. Ela é simples de ser calculada: basta dividir o preço da cota pelo valor patrimonial.

P/VP = preço da cota em Bolsa / valor patrimonial da cota

Quando o resultado da divisão é igual a 1, significa que a cota está sendo negociada pelo seu valor patrimonial exato. Quando o resultado é maior do que 1, o preço de mercado está acima do valor patrimonial. E quando o resultado é menor do que 1, o preço de mercado é menor do que o valor patrimonial.

Esse dado de forma isolada não significa muita coisa. Porém, quando você está diante de um fundo de alta qualidade, e encontra na métrica P/VP um resultado menor do que 1, pode estar diante de uma barganha.

Em momentos de baixa de mercado, não é incomum que o histerismo coletivo provoque uma venda exagerada das cotas e o preço seja puxado para baixo, gerando esse tipo de distorção. Claro que, em qualquer momento, você deve analisar as demais informações do fundo para saber se não é um ativo de baixa qualidade ou se o fundo está apresentando problemas de difícil solução e por isso está sendo vendido por tão pouco. Da mesma forma, seja criterioso ao encontrar no resultado da métrica P/VP um valor muito maior do que 1, para saber se a remuneração do capital que você irá investir vai ocorrer de forma satisfatória.

## O m² negociado em Bolsa

O preço do metro quadrado é sempre levado em consideração na compra de um imóvel. Quando compramos pedacinhos de imóveis no mercado de capitais, via fundos imobiliários, também devemos levar essa informação em consideração.

Nesse caso, o objetivo é encontrar imóveis sendo vendidos em Bolsa por meio de fundo imobiliários, por um preço por $m^2$ menor do que imóveis semelhantes sendo negociados para compra direta.

Vejamos como fazer essa conta em três simples passos:

Passo 1: encontre o preço de mercado do fundo. Para chegar a esse número, basta multiplicar o preço de mercado de uma cota pelo número total de cotas do fundo.

Passo 2: subtraia do preço de mercado do fundo, encontrado na conta anterior, o valor que o fundo tiver de caixa e demais aplicações financeiras. O resultado será o preço que apenas o imóvel ou os imóveis do fundo custam na Bolsa.

Passo 3: agora divida o preço do imóvel ou dos imóveis encontrados na conta anterior pela ABL do fundo. Assim, terá o preço por $m^2$ negociado em Bolsa.

Depois de encontrarmos o preço por $m^2$ do patrimônio imobiliário do fundo, podemos fazer duas comparações. Uma delas, bem simples de realizar, é buscar a informação do preço de imóveis semelhantes sendo vendidos na mesma localização e fazer a comparação. Podemos buscar essa informação por meio da internet. A outra é comparar com o custo de reposição, ou seja, com o custo de construir um imóvel semelhante na mesma localização. Essa informação é mais técnica é não é tão fácil de encontrar, mas é possível.

Ao nos depararmos com fundos imobiliários sendo vendidos em Bolsa de Valores – cujo patrimônio imobiliário esteja mais barato do que imóveis semelhantes para compra direta ou mais barato que o custo de reposição –, podemos estar diante de uma grande barganha.

## Gestão ativa *versus* gestão passiva

Sobre o tipo de gestão, ativa ou passiva, cabe uma reflexão. Em tese, espera-se maior retorno e perenidade de um fundo de gestão ativa. O maior retorno viria da venda com lucro de algumas propriedades. Portanto, a reciclagem do portfólio, quando aplicada de forma eficiente, tende a gerar *alpha* para o investidor, isto é, um retorno acima da média. Além disso, imóveis envelhecem, perdem a competitividade em relação a outros mais modernos e, por isso, fazem sentido trocas pontuais estratégicas.

Obviamente, reciclar portfólio dá um trabalho maior do que simplesmente negociar contratos de locação. É natural pagar mais pelos serviços de gestão em fundos de gestão ativa. É intrigante, no entanto, que esses retornos supostamente maiores não necessariamente tenham sido entregues. Temos visto nos últimos anos um desmonte de portfólio em alguns fundos imobiliários, especialmente do setor de lajes corporativas, sem que novas propriedades tenham sido adquiridas na mesma proporção em termos de área locável - isso refuta, em um primeiro momento, a tese da reciclagem do portfólio.

O argumento a favor dos gestores tem sido a dificuldade de aquisição de imóveis por preços que façam sentido, além de toda a burocracia do país. Apesar da crise econômica vivida a partir de 2014, não ocorreu uma desova de imóveis comerciais. Proprietários que não enfrentaram problemas de liquidez não venderam a qualquer preço. Ainda assim, é importante chamar a atenção para o fato de que esse serviço não prestado tem um custo relevante, que aos poucos corrói o patrimônio do fundo.

Este ponto merece atenção: o custo de um fundo imobiliário com gestão ativa tem historicamente comprometido o resultado final do cotista que paga mais por um serviço, mas não recebe da forma como tinha ancorado em sua premissa inicial. Por isso, muitos investidores preferem montar carteiras numericamente maiores com fundos passivos a ter uma carteira mais concentrada em fundos ativos.

Infelizmente, é difícil prever com exatidão a duração de uma crise. O investimento imobiliário é cíclico. Quem entra já deve esperar reduções no valor do patrimônio e no fluxo de aluguéis nos períodos de baixa. Ainda assim, é fato que a gestão ativa no Brasil ainda precisa se provar. Vimos que boa parte dos gestores de fundos ativos colocou a culpa na crise. Mas é daí que surge a provocação – fazer gestão ativa quando tudo está indo bem não parece tão complexo. O DNA imobiliário deve ser testado e comprovado em situações adversas, nas quais investidores comuns não teriam acesso a informações estratégicas de tal forma que lhes permita antecipar movimentos.

Até o momento encontramos, com certa facilidade, fundos passivos *performando* melhor que fundos ativos. Independentemente disto, ao analisar a gestão, esteja atento ao histórico de resultados – *track record* –, que evidencia a competência do gestor. E esta crise iniciada em 2014, que ainda não terminou completamente no momento em que este livro foi publicado, será divisora de águas.

Em um futuro próximo, saberemos com mais precisão quais foram os gestores, e por consequência os ativos, que souberam vencer neste primeiro grande teste da indústria de fundos imobiliários no Brasil.

Por outro lado, atenção: investir em fundos passivos exige maior tempo de acompanhamento e especialização por parte do investidor. Sejamos justos. A história também já nos mostrou que um fundo passivo, especialmente os conhecidos mono/mono – isto é, um ativo e um locatário –, quando perde seus fundamentos, provoca uma destruição de valor relevante para o cotista. Há vários casos neste sentido que até hoje não conseguiram se recuperar.

Voltando ao arcabouço da gestão ativa: temos percebido maior abrangência para outros setores. Os novos fundos de outros setores, que não são de lajes corporativas, têm vindo a mercado com esse mandato de gestão ativa, especialmente em logística, *shoppings* e até mesmo fundos de recebíveis imobiliários.

## Visite os imóveis

Dentro das suas possibilidades vá conhecer os imóveis dos fundos de que você pretende adquirir cotas. Além da constatação da tangibilidade do ativo, que é importante para os novatos no mercado financeiro, ao visitar os imóveis que pretende investir, você pode observar outros fatores, como a conservação e a instalação de concorrentes na região, isto é, o grau de replicação daquela propriedade frente a seus pares.

Um prédio de escritórios antigo e pessimamente conservado pode estar prestes a perder seus inquilinos em função de outros empreendimentos semelhantes, mais modernos e que possam estar sendo construídos ao redor. Você identificará isso com uma simples visita e poderá mudar completamente seu mapa mental para tomadas de decisões.

Uma visita em um domingo ao *shopping*, que é seu alvo de investimento, poderá mostrar as características de acesso, qualidade do ambiente, ou poderá revelar se há muita concentração de terrenos vagos ao redor, o que possibilitaria a instalação de concorrentes. Esse tipo de informação facilita sua tomada de decisão.

Analistas profissionais visitam os imóveis que estão avaliando e você também pode fazer isso. Claro que existem áreas privativas às quais não será possível o acesso, mas passar por perto, conhecer o entorno e checar a parte externa do imóvel já podem trazer informações significativas.

Não sendo possível realizar visitas em todas as propriedades – o que é perfeitamente aceitável e compreensível –, procure ao menos acessar pela internet através de ferramentas como o *Maps / Street View*. Será também um grande salto em termos de segurança na hora de alocar o próprio capital.

> ***As cidades são feitas de pessoas e de certo modo representam a somatória de organismos vivos. Ou seja: as cidades também podem crescer e morrer, e os fundos imobiliários estão contidos nesta realidade mutável.***

## *SOBREVIVENDO AO TEMPO – FUNDOS MONO E MULTIATIVOS*

*É recorrente a preocupação dos investidores quanto à capacidade de um fundo imobiliário sobreviver ao tempo. Analisemos dois tipos de fundos sob esta ótica.*

### *FIIs monoativos*

*Estes FIIs trazem a maioria das preocupações num primeiro momento, isto é, a depreciação é constante e o fator tempo tem peso relevante em boa parte das vezes. Todo ativo imobiliário se deprecia.*

*O gestor deve ter sensibilidade suficiente no sentido de mostrar a relevância de se fazer um trabalho de manutenção preventiva para que o prédio não se deprecie além do que já lhe é natural. O principal risco é que a propriedade perca competitividade ano a ano e, para ela se recolocar, o custo poderá ser muito acima do que a disponibilidade em caixa seja capaz de suprir.*

*Ter uma excelente localização é fundamental neste tipo de FII. É uma premissa básica. Reformas e* retrofits *podem ser feitos por meio da gestão de caixa, mas não se muda a localização da noite para o dia. É um risco recorrente nos ativos mono imóvel que temos hoje na indústria de fundos imobiliários.*

*Não é muito difícil encontrar fundos com caixa baixíssimo, o que representa um risco potencial sério a ser observado para uma estratégia de longo prazo.*

*Acontece que toda propriedade física se cansa com o tempo. Some isto ao fato de que imóveis mais modernos podem surgir em sua microrregião, gerando efeitos colaterais negativos no que tange aos valores praticados por* $m^2$ *de aluguel e venda. É uma (re)precificação completa que pode dificultar o crescimento real, acima da inflação, da renda do investidor ao longo do tempo. É uma hipótese bem factível a ser considerada. Não podemos simplesmente menosprezar essa premissa.*

*O que fazer?*

*Honestamente, é um risco com o qual temos de conviver e, além disto, deve-se acompanhar junto ao gestor, por meio dos relatórios gerenciais, todo o trabalho preventivo e de modernização.*

*A solução seria os fundos monoativos começarem a fazer emissões de cotas em busca de novos ativos para o portfólio, mas muitos cotistas não enxergam essa estratégia adequada. Considere também a possibilidade de emissões para realizar* retrofits. *Enfim, é questão polêmica, mas que cedo ou tarde terá de ser tratada.*

***FIIs multiativos***

*A situação aqui é diferente, visto que o gestor tem mandato para fazer* retrofits *– reformas profundas –, além da troca de propriedades do portfólio do fundo. A gestão ativa se torna fundamental,* *especialmente quando podemos perceber a geração de* alpha *que possa justificar todos os altos custos inerentes a um fundo com amplo portfólio.*

*Gerar* alpha *é fazer com o que fundo consiga vencer um índice como, por exemplo, o IFIX. Em um fundo com gestão ativa com altos custos, é coerente considerar que a geração de* alpha *seja um mecanismo recorrente. Esses fundos possuem posição de caixa mais robusta, visto que emissões do tipo* follow-on *acontecem com certa frequência.*

*Além disto, o valor de um ativo que foi vendido retorna para o caixa após a distribuição dos lucros da operação.*

*Em tempo, reforçamos a importância de o fundo ser majoritário nas propriedades, em especial nos ativos de lajes corporativas, justamente para que possa manter um plano de modernização adequado no longo prazo. No entanto, temos visto certa morosidade em agregar valor ao cotista nesse tipo de fundo.*

*Em alguns casos, nem tanto. Mas, no geral, a gestão ativa não tem sido tão ativa quanto desejamos e daí surgem diversas verticais de debates em relação a esse modelo. Em verdade, a nossa indústria de fundos imobiliários é uma criança que soltou a mãozinha dos pais, e quer agora seguir seu próprio caminho.*

## *RISCO SILENCIOSO*

*De tempos em tempos podem ocorrer crises no mercado de capitais que fazem as cotações das ações e fundos imobiliários desabar. Isso não é novidade para ninguém. Mas e quando o risco é silencioso? Talvez seja a pior forma de perder dinheiro. O elemento surpresa que vem sorrateiramente e lhe tira o chão em algum momento.*

*As cotações estão nas máximas e o sentimento é de que tudo vai indo muito bem e não vai parar de subir nunca mais. E ficar de fora da brincadeira pode ser dolorido. Mas é nessas horas que é essencial ter cautela e prudência, pois o conhecimento anda de mãos dadas com o conforto e a segurança.*

***Choque de realidade***

*Os contratos atípicos são portos seguros enquanto vigentes. Esse tipo de contrato é assinado por locatários com baixo risco de crédito e isso dá bastante conforto para o investidor. Mas o que as pessoas esquecem é que esses contratos, ao vencerem, serão realinhados a mercado. Aceite isso. Não há no cosmos locatário bonzinho. É uma relação que sempre terá a corda esticada.*

*O risco silencioso age nesse tipo de operação. Os investidores compram fundos imobiliários com esses contratos e se acostumam com a harmonia do fluxo de caixa.*

***Sempre há um caminho***

*Procure estabelecer uma margem de segurança para esse tipo de fundo e não perca de vista o valor real dos ativos do portfólio, além dos aluguéis a mercado.*

*Quem está posicionado em fundos imobiliários sempre fica na dúvida se é hora de continuar comprando ou se deixa algum dinheiro em caixa.*

*Sempre existem oportunidades em qualquer classe de investimentos. Nos FIIs, os ativos de recebíveis imobiliários podem funcionar bem como reserva de valor, além de ofertar ganhos reais generosos.*

## Fundos de desenvolvimento imobiliário

A dinâmica de um fundo de desenvolvimento é semelhante à

de uma incorporadora. O objetivo essencial é buscar uma área, construir e vender os imóveis visando obter lucros para os investidores.

Alguns fundos entrarão somente em projetos previamente estabelecidos e terão prazos definidos de duração. Via de regra, fundos com prazo determinado de duração fazem a amortização do capital principal no seu encerramento.

Já os fundos de prazo indeterminado seguirão as mesmas condições estratégicas imobiliárias. Todavia, distribuirão somente os lucros, enquadrando-se na regra dos 95% de *payout*, deixando o principal para ser reinvestido em novos projetos. Um fundo de desenvolvimento imobiliário pode entrar em qualquer fase de um projeto, desde a incorporação até fases mais avançadas no processo de construção. Indo além – há casos em que o fundo pode comprar os recebíveis de um projeto que esteja totalmente pronto e vendido: é uma forma de antecipar os recursos financeiros ao incorporador em troca de uma taxa de desconto que poderá favorecer o resultado final do cotista do fundo.

Fundos de desenvolvimento podem realizar investimentos sozinhos ou em sociedade. Neste caso, é comum ser constituída uma SPE – Sociedade de Propósito Específico – para cada projeto de que o fundo esteja participando. Diversos *players* podem estar envolvidos em um projeto de construção civil, entre eles um incorporador, uma construtora, o proprietário do terreno – muitas vezes entrando como permutante –, investidores diversos, como os fundos imobiliários. Até mesmo um gestor imobiliário para fazer a administração da própria SPE, além de coordenação de vendas e marketing. A constituição de uma SPE faz com que cada sócio assuma, na proporção da participação na sociedade, as responsabilidades e os riscos financeiros envolvidos no projeto. Isso aumenta o nível de segurança para todos os envolvidos.

A construção de imóveis para venda é um dos segmentos mais lucrativos dentro do investimento imobiliário. Porém, se há maior potencial de retorno, existe maior risco envolvido. Alguns desses riscos são de obra, da não obtenção de licenças e até mesmo das dificuldades de venda após a conclusão do projeto – pois, desde a incorporação até a venda das unidades, leva-se alguns anos, e as condições de mercado podem mudar, reduzindo a demanda ou dificultando a obtenção de financiamento para aquele tipo específico de imóvel. Tudo isso vai trazer impactos ao negócio.

Outro risco importante a ser considerado é o controle do fluxo de recebimentos desses projetos, visto que inadimplências e distratos deverão ocorrer pelo caminho. Muitos gestores contratam empresas especializadas nesse segmento, conhecidas como *servicers*.

Um aspecto importante nos fundos de desenvolvimento é a irregularidade no fluxo de caixa. Investidores tradicionais de fundos imobiliários gostam de renda. Se você precisa ou quer ter renda regular, avalie com atenção se esse tipo de fundo é para você. Ao contrário dos fundos que recebem aluguéis ou juros – nos quais a entrada de dinheiro no fundo não varia expressivamente –, não há regularidade na entrada de dinheiro no caixa de um fundo de desenvolvimento. Para entrar dinheiro, um imóvel precisa ser vendido. Não é possível prever com exatidão a regularidade ou velocidade das vendas. Consequentemente, espere variações constantes e mesmo longos períodos sem receber dividendos. Isso não quer dizer que um investidor que não se importe com a irregularidade nas distribuições não possa obter ótimos retornos em fundos de desenvolvimento imobiliário.

## Analisando um fundo de desenvolvimento

Entendido o funcionamento de um fundo de desenvolvimento e as principais diferenças entre ele e os fundos tradicionais de renda, vamos comentar alguns pontos que você pode observar para reduzir o risco e maximizar o retorno dos seus investimentos.

Em primeiro lugar, entenda o que o fundo pode fazer. Leia o regulamento. Lá, você saberá se o fundo tem prazo determinado para se encerrar, se pretende entrar em qualquer fase do desenvolvimento imobiliário, se tem projetos específicos como alvo ou se entrará em qualquer tipo de negócio, além das regiões onde pretende atuar. Havendo dúvidas, questione.

Exija transparência nas informações. Vá além dos relatórios de gestão, leia os informes e exija, inclusive, transparência na contabilidade das SPEs. Se você é menos adepto à contabilidade, avalie se deve mesmo investir nesse tipo de fundo. Será importante acompanhar as demonstrações financeiras até como forma de ratificar, ou não, a saúde financeira das empresas investidas.

A gestão de fluxo de caixa em um fundo de desenvolvimento, principalmente os envolvidos em diversos projetos, não é tão simples a ponto de fazer com que um fundo tenha distribuições regulares como um relógio suíço. Lembre-se de que a entrada de dinheiro no caixa depende das vendas e vários fatores influenciam a natureza do negócio.

Se você vai entrar em um fundo já em andamento, avalie o histórico de resultados. Em caso de IPO, leia o prospecto, procure saber quem fará a gestão e se os projetos que o gestor propõe fazem sentido naquele momento. Está havendo melhora na economia? Há previsão de crescimento do PIB? Como está a facilidade para obtenção de crédito imobiliário? Essas são algumas questões que podem dar um norte sobre fazer ou não sentido entrar em um projeto de desenvolvimento imobiliário.

Pode parecer complexo e trabalhoso: não à toa uma corrente de especialistas defende a ideia de que fundos de desenvolvimento sejam exclusivos para investidores qualificados ou profissionais.

Por fim, como última barreira, a diversificação dilui os riscos específicos de determinado fundo. Se não estiver disposto a avançar nos estudos, tenha uma participação que não incomode na oscilação do patrimônio nem na renda mensal distribuída. De toda forma, vale reforçar que o setor de desenvolvimento, quando bem gerido e com projetos bem selecionados, é um dos mais rentáveis do ramo imobiliário.

## Considerações finais

Este capítulo não tem o objetivo de formar um analista profissional. Para isso existe ainda muita coisa a ser aprofundada, como aspectos contábeis, regulatórios e financeiros. Porém, com o que foi discutido aqui, você, como investidor individual, tem material para começar a escolher fundos imobiliários para investir. A prática e a busca constantes por informações o levarão a um patamar superior.

Tenha uma estratégia de investimentos. Você está buscando renda ou ganho de capital? Você utilizará critérios diferentes para cada estratégia. Avalie se o fundo em que você pretende investir tem uma política de investimentos que faça sentido para a sua estratégia. Quem busca renda, por exemplo, não terá uma renda regular tão constante ao investir em um fundo cuja estratégia de investimentos seja a compra e venda de imóveis para obter ganho de capital.

Observe que o mercado precifica o risco, reduzindo o preço da cota, e analise bem esse risco antes tomar uma decisão. Barganhas no preço da cota ou um *yield* alto geralmente são acompanhados por um risco maior.

Quanto menos imóveis e inquilinos um fundo possuir, maior é a sua responsabilidade pela análise que está fazendo, mesmo que num primeiro momento a análise de um fundo que tem um único imóvel pareça menos trabalhosa. Em um fundo com vários imóveis e vários inquilinos, o seu risco é diluído pela diversificação.

Imóveis construídos com características específicas para um determinado tipo de inquilino podem ficar vazios por anos, caso após uma vacância não apareça outro interessado naquelas características.

Alguns inquilinos que prestam serviços essenciais para a sociedade, como escolas ou hospitais, são mais difíceis de serem despejados caso fiquem inadimplentes e podem abusar desse fator para fazer pressão para baixar o preço de locação na hora de reajustar o aluguel ou renovar o contrato. Isso não significa que você deva evitar fundos imobiliários que possuem apenas um imóvel ou que possuam imóveis com essas características tão específicas, mas deve ser mais criterioso na sua análise.

Em imóveis com características especiais, construídos sob medida para determinado tipo de inquilino, ou qualquer imóvel que tenha características tão específicas que a utilização por outro tipo de inquilino possa ser dificultada, esteja ainda mais atento ao tipo de contrato – típico ou atípico – e à duração desse contrato.

Uma pessoa física que investe diretamente em imóveis tem sempre a sensação de perpetuidade ao realizar uma compra. Ele compra uma casa em uma rua qualquer: cinquenta anos depois a casa está velha, mas a rua está mais movimentada, o adensamento populacional no bairro é maior, e o imóvel valoriza pelo terreno e pela localização. Facilmente o dono pode transformar um imóvel residencial em um imóvel comercial, como uma loja, ou construir um prédio no terreno no qual havia um galpão, e assim por diante. No investimento direto em imóveis, o dono tem o total controle sobre o bem.

Quando realizamos investimentos via fundos imobiliários, temos sócios no imóvel e não temos o controle absoluto sobre ele. Em fundos de gestão ativa, o gestor irá reciclar o portfólio.

Em fundos de gestão passiva - geralmente os que possuem um único imóvel -, é importante observar o envelhecimento do ativo, se ele está caindo na classificação e na capacidade de geração de renda. Verifique o preço do aluguel nesse imóvel e nos concorrentes, e com isso perceba a hora de vender e trocar de investimento.

Sim, busque fundos imobiliários que tenham imóveis bons e que permanecerão bons por bastante tempo, mas tenha em mente que o conceito de perpetuidade em fundos ativos depende da reciclagem do portfólio e, em fundos passivos, é sua responsabilidade.

As informações primárias de que você precisa para analisar fundos imobiliários podem ser encontradas nos relatórios e informes emitidos pelos próprios fundos. Tudo está disponível no *site* da Bovespa - atual B3. Informações sobre classificação imobiliária e sobre o mercado imobiliário em geral podem ser encontradas de forma gratuita em diversos *sites* de consultorias imobiliárias.

Num primeiro momento, pode ser maçante ler relatórios e buscar informações. Existem *sites* que apresentam, de forma bem resumida e organizada, informações sobre diversos fundos imobiliários. Muitas informações estão disponíveis gratuitamente. A informação oficial é a que consta nos relatórios e informes disponíveis no *site* da B3. Porém, começar uma busca por *sites* que disponibilizam dados sobre fundos imobiliários pode poupar um bom tempo do investidor. Entre eles, podemos citar: https://fiis.com.br.

Uma boa fonte de informação são relatórios pagos emitidos por agências de consultoria e *research* ou analistas independentes. Procure agências e analistas com boa reputação, que não façam sensacionalismo para vender relatórios e que se preocupem em transmitir educação financeira ao leitor. Ao ler, exercite seu senso crítico, não acreditando cegamente em tudo o que estiver escrito: questionar é saudável e faz você evoluir.

# VI
# FUNDOS DE PAPEL

*Se você já solicitou uma taxa maior de retorno para sua aplicação individual numa LCI, junto ao gerente do seu banco, provavelmente ele respondeu que você teria que fazer um aporte substancialmente maior – e impraticável. Os fundos imobiliários que investem em papéis fazem justamente essa função para você, por isso é importante compreender como eles funcionam.*

Quando falamos de fundos de papel, estamos nos referindo aos fundos que investem de forma predominante em títulos de dívida imobiliária e outros valores mobiliários. Dentre os títulos permitidos, os mais comuns são Letras de Crédito Imobiliário – LCIs e Certificados de Recebíveis Imobiliários – CRIs. Fundos de tijolo também investem em títulos de dívida, mas esses não são os principais ativos alvos desse tipo de fundo.

O fato de terem ativos alvos diferentes faz com que as características de um fundo de papel sejam bem diferentes das de um fundo de tijolo.

## Ativo alvo de um fundo de papel

Fundos imobiliários são autorizados a investir em títulos de dívida imobiliária desde 2008, pela instrução CVM 472, mas a atratividade para o crescimento desse segmento de fundos imobiliários veio em 2009, com a Lei nº 12.024, que isentou os fundos imobiliários de Imposto de Renda para aplicação em títulos de dívida imobiliária.

No momento em que este livro foi escrito, o fundo imobiliário em negociação na Bovespa que tinha o maior patrimônio líquido era um fundo de papel.

Eis as características dos dois principais títulos de dívida em que um fundo de papel investe:

- **LCI – Letra de Crédito Imobiliário**

Esse é um ativo financeiro bem comum e acessível também aos investidores pessoas físicas. É título de captação bancária para fins de financiamento imobiliário, garantido por hipoteca ou alienação fiduciária do imóvel. Foi criado pela Medida Provisória nº 2.223/01 e posteriormente convertido na Lei nº 10.931/04.

Tais títulos podem ter rentabilidade pré-fixada ou pós-fixada, portanto são ativos de renda fixa. Os pós-fixados são os mais comuns, atrelados a uma porcentagem do CDI – Certificado de Depósito Interbancário.

As LCIs são isentas de imposto de renda para pessoa física e têm garantia de até R$ 250.000,00 por CPF por instituição pelo FGC – Fundo Garantidor de Crédito. O principal risco de uma LCI é justamente o risco de crédito, em caso de quebra do banco emissor.

- **CRI – Certificado de Recebível Imobiliário**

Os CRIs, criados pela Lei nº 9.514/97, são títulos de crédito nominativo, de livre negociação, e possuem lastro em créditos imobiliários. São emitidos exclusivamente por companhias securitizadoras.

Securitizar é transformar uma dívida imobiliária em títulos negociáveis. Esse processo acontece quando alguém realiza um financiamento imobiliário, ou empresas assinam contratos de aluguel e se tornam devedoras das obrigações que assumiram.

Na estruturação de um CRI lastreado em financiamento imobiliário, por exemplo, o detentor do direito de receber emite um título chamado Célula de Crédito Imobiliário - CCI. Os CCIs, que representam o crédito imobiliário, ou seja, o direito de receber o pagamento das dívidas assumidas por quem realizou o financiamento, são cedidos para uma companhia securitizadora, que os utiliza como lastro para emissão dos CRIs. Um CRI ainda pode ter como garantia a alienação dos imóveis aos quais os créditos estão relacionados.

O investidor que adquire um CRI recebe uma remuneração periódica - juros - que pode ser pré ou pós-fixada, além da devolução do principal, geralmente corrigido por um indexador, de forma também periódica ou no vencimento do título. Observe que os CRIs são ativos de renda fixa.

Os CRIs podem ser classificados quanto à sua estrutura em pulverizados ou corporativos:

**Pulverizados**

- Lastro: contratos de compra e venda de imóveis que possuem devedores pulverizados.
- Origem: incorporadores e instituições financeiras.
- Risco: descentralizado, pulverizado.

**Corporativos**

- Lastro: contrato imobiliário de locação ou venda.
- Origem: empresas detentoras de imóveis comerciais.
- Risco: concentrado na empresa devedora.

Como o maior risco de um CRI é o risco de crédito, ao analisar um CRI corporativo, a capacidade de pagamento da empresa que assumiu a obrigação de pagamento deve ser levada em consideração. Já um CRI pulverizado tem o risco mitigado justamente pela pulverização de devedores que compõem o título, mas ainda assim deve ser analisado.

Duas métricas são bem utilizadas para analisar a segurança ao realizar um empréstimo. São elas: o *Debt To Income* e o *Loan To Value.*

*DTI – Debt To Income:* é expressa em porcentagem e demonstra a capacidade de pagamento de um tomador de empréstimo. A conta é realizada dividindo-se a parcela mensal do empréstimo pela renda de quem tomou o empréstimo. Exemplo: alguém com uma renda de R$ 10.000,00 realiza um empréstimo cuja parcela é R$ 1.500,00 mensais. DTI = 1.500/10.000 = 15%.

*LTV – Loan To Value:* também expressa em porcentagem, demonstra o valor do empréstimo em relação ao imóvel dado em garantia. A conta é feita dividindo-se o valor do empréstimo pelo valor do imóvel. Exemplo: alguém realiza um empréstimo de R$ 100.000,00 para comprar um imóvel de R$ 500.000,00. LTV = 100.000/500.000 = 20%.

A análise dos resultados dessas e de outras métricas é feita por meio de dados estatísticos. Diversos CRIs têm notas emitidas por agências de classificação de risco – *rating*. Aqui também é válida a máxima da relação risco e retorno. Quanto maior a nota, menor o retorno e vice-versa. Alguns CRIs não recebem *rating* e geralmente são os que pagam um maior rendimento. Esses são chamados de *High Yield*.

Quanto à classe, um CRI pode ser sênior ou subordinado. Em caso de calote, os CRIs subordinados absorvem primeiro as perdas até um valor estipulado no momento da emissão – dessa forma, são uma espécie de proteção a mais para os CRIs seniores. Obviamente, os CRIs subordinados têm uma rentabilidade maior.

Todas essas especificidades fazem com que a análise de um CRI não seja tão simples de fazer. Esse tipo de título exige um valor considerável para investimento e é, na maioria das vezes, destinado a investidores qualificados.

## Vantagens de investir em fundos de papel

Fundos de papel investem majoritariamente em CRIs. Como acabamos de ver, a análise de um CRI é algo complexo de ser realizado por um investidor comum. Quem opta por fazer esse tipo de investimento via fundos imobiliários delega a escolha dos títulos a um gestor profissional. Outro detalhe importante é a dificuldade de acesso a esse mercado, tanto pelo alto valor da maioria dos títulos como pelo fato de os CRIs serem geralmente destinados a investidores qualificados. Via fundos imobiliários, o acesso é simples e exige pouco capital para investir.

Ainda via fundos imobiliários, o investidor terá uma carteira extremamente diversificada de títulos, o que reduz o risco do investimento. Além da diluição dos riscos, a grande quantidade de títulos em carteira permite ao gestor trabalhar a renda distribuída de maneira mais uniforme, pois nem todo CRI paga mensalmente.

CRIs não sofrem com vacância. Ter fundos de papel em uma carteira de fundos imobiliários mantém um *yield* global maior e mais regular em momentos de crise. Além disso, como os títulos são corrigidos por algum índice de inflação, fundos de papel costumam dar uma proteção imediata ao capital investido. Sem contar o fato de ter via fundos imobiliários uma liquidez maior do que por meio do investimento direto em CRIs.

## Analisando fundos de papel

Um fundo imobiliário de recebíveis não deve ser analisado da mesma forma que um fundo de tijolo. Essa diferença se dá pelo fato de que os ativos que esses dois fundos possuem são diferentes. Um investe em imóveis, o outro em recebíveis, principalmente CRIs. Vejamos alguns critérios que o investidor individual pode utilizar para analisar fundos de recebíveis.

*O gestor*

A competência do gestor é fundamental. Ele vai selecionar os títulos que gerarão sua renda. Por isso, avaliará não só a segurança como o tipo de remuneração – pré-fixada, CDI, IPCA, IGPM –, levando em conta as condições de mercado ao fazer a seleção.

Tão importante quanto selecionar os recebíveis, é monitorá-los. Não podemos nos esquecer de que os CRIs são ativos de crédito e, como todo ativo dessa natureza, poderão se deteriorar com o tempo. Eis a importância de o gestor manter um bom controle dos CRIs em carteira e, obviamente, manter os cotistas informados nos documentos gerenciais que são publicados todos os meses.

*Diversificação e segurança da carteira do fundo*

Veja se a carteira do fundo é diversificada; se não concentra grande parte do patrimônio em poucos CRIs; e se os CRIs possuem naturezas diferentes – corporativos, loteamentos, residenciais, dentre outros – e se possuem indexação diversificada entre títulos pós-fixados e inflação.

No caso dos CRIs corporativos, é possível observar as empresas que originaram a dívida, até porque algumas delas são listadas no mercado. Em boa parte das vezes, os gestores dos fundos de papel conseguem acessar CRIs que foram originados a partir de contratos BTS com locatários de primeiríssima linha, o que traz bastante segurança para o fluxo de recebimentos até o vencimento.

Observe também a quantidade de títulos que possui *rating* – nota de crédito emitida por agências de análise de risco. O *rating* é uma métrica importante, mas não necessariamente excludente. Vale lembrar que algumas operações não possuem *rating* até pelo custo de se realizar esse trabalho, mas possuem uma amarração imobiliária frente à operação bastante sólida.

*A rentabilidade esperada*

Você precisa conhecer a rentabilidade do fundo em que pretende investir. Ela pode vir no relatório de gestão, mas também não é difícil de calcular observando a rentabilidade esperada de cada título e verificando a média ponderada dessas rentabilidades – muitos gestores têm apresentado essa média ponderada separada por indexador, o que facilita bastante para o investidor final. Trata-se de rentabilidade esperada, pois estamos falando de investimento em títulos de dívida e sempre existe a possibilidade de *default* – calote – em algum título que compõe o portfólio.

Perceba que pulverização é o nome do jogo. Gestores conservadores, e isso tem sido uma prática geral do mercado, vêm buscando manter sempre uma quantidade razoável de operações internamente no portfólio, no sentido de mitigar riscos que possam ferir de forma relevante a rentabilidade final para o cotista.

De posse da rentabilidade média da carteira de um determinado fundo de recebíveis, é prudente comparar com um título de renda fixa seguro. A rentabilidade esperada do fundo deve ser maior, justamente por embutir um prêmio de risco.

Lembre-se de considerar que os títulos do Tesouro são tributados. Ao encontrar uma diferença na rentabilidade de um fundo imobiliário de recebíveis e de um título do Tesouro, já descontado o tributo, observe se a taxa de administração não irá corroer esse *spread.*

Ainda em relação ao quesito rentabilidade, a década iniciada em 2011 nos mostrou que uma carteira bem diversificada de fundos de papel apresentou um retorno médio com *spread* interessante, quando comparado com ativos clássicos de renda fixa de baixo risco. O mercado de fundos de recebíveis cresceu, proporcionalmente, mais do que o mercado de tijolos. Com isso, é factível considerar que fundos desta classe não podem ser ignorados dentro de uma carteira mais ampla. Pelo contrário, esses fundos têm funcionado muito bem em termos de potencializar a renda mensal e proteção patrimonial, servindo como um *hedge* em momentos de maior estresse de mercado.

Um pensamento para se lembrar: *"Os fundos de papel são excelentes atacantes quando se tem uma carteira mais conservadora, e excelentes zagueiros quando se tem uma carteira mais agressiva".*

Nesta linha, entenda que o mercado de CRIs é maior do que o mercado de fundos imobiliários em si. Enfim, os fundos de papel, muitas vezes esquecidos pelos investidores, têm ganhado cada vez mais relevância no mercado.

Ainda, a história também nos dá segurança para afirmar que, ao menos até o momento em que este livro foi publicado, já tivemos mais desconfortos em ativos de tijolos do que de papéis – o que ratifica a tese de que muitos gestores ainda estão mais ancorados na *expertise* financeira do que imobiliária de fato.

*Preço e valor patrimonial*

Falamos no tópico anterior da rentabilidade esperada. Não havendo calote, esse retorno é real caso o gestor carregue os títulos até o vencimento, e você receberá esse retorno desde que compre a cota pelo valor patrimonial. Pagando um preço diferente do valor patrimonial, o retorno será diferente.

Títulos de dívidas pré-fixados são influenciados pela taxa básica de juros do governo. Quando a taxa sobe, o valor dos títulos cai no mercado secundário e vice-versa.

Em tempos de redução da taxa de juros, um gestor pode aproveitar para vender títulos pré-fixados, obtendo ganho de capital e realizando uma distribuição maior. Levando isso em consideração, pode ser válido pagar pouco mais pelo valor patrimonial da cota. Ou nos casos em que, mesmo pagando mais, o *spread* seja satisfatório quando realizada a comparação com um título do Tesouro citado acima.

*Concluindo*

Os fundos de papel combinam os dois mundos - financeiro e imobiliário. É cada vez mais importante procurar fundos nos quais os gestores sejam criteriosos ao escolher CRIs em que o lastro imobiliário e o fluxo de pagamentos andem de mãos dadas. Enfim, a operação precisa fazer sentido. A origem do fluxo de pagamentos tem de ser coerente com o lastro. Afinal de contas, a garantia em si, assim como num seguro de automóvel, foi feita para não ser usada. Assim, se espera de um fundo de papel que as garantias sejam feitas para dar mais segurança e conforto na operação, e não para serem acessadas o tempo todo.

De maneira geral, a análise pode ser dividida em qualitativa, em que você irá observar a qualidade do administrador e a carteira do fundo; e quantitativa, em que você irá calcular a rentabilidade esperada em relação ao preço que você irá pagar e verificar se há uma diferença em relação ao que você receberia investindo em títulos mais seguros que compensem o risco. Para o investidor que não gosta ou não pretende mergulhar no mercado de crédito para realizar essa análise, é possível comprar relatórios de analistas individuais ou agências de *research*. É fundamental ler todo o relatório com um mínimo de senso crítico, e não só a recomendação.

***Quem já investiu em renda fixa através do banco, ao menos já ouviu falar em LCIs e aplicações correlatas, mas os CRIs são produtos do mercado imobiliário relacionados mais com a renda variável. Portanto, segue uma explanação a respeito.***

## O QUE SÃO CRIs – CERTIFICADOS DE RECEBÍVEIS IMOBILIÁRIOS?

*Por definição, os fundos de papel têm como objetivo investir em ativos financeiros lastreados no mercado imobiliário, conhecidos como Certificados de Recebíveis Imobiliários – CRIs. Alguns desses fundos fazem caixa em posições de LCIs – Letras de Crédito Imobiliário ou mesmo em ativos convencionais de renda fixa, como títulos públicos.*

*Os fundos de renda baseados em tijolos são ativos reais que geram aluguéis e podem ser afetados pelos clássicos riscos imobiliários: inadimplência, revisionais, vacância e deterioração do ativo. Já os fundos de papel são essencialmente operações de crédito: são ativos de renda fixa com lastro em operações imobiliárias: lotes, residências,* shoppings, *prédios, galpões, hospitais; enfim, todo imóvel cujo rendimento futuro contratado possa ser securitizado.*

*O CRI é um título que oferece um direito de crédito ao investidor. Portanto, deverá receber uma remuneração periodicamente. Do ponto de vista do emissor, o CRI é um instrumento de captação de recursos destinados a financiar transações do mercado imobiliário, sendo lastreado em créditos imobiliários.*

*Somente instituições específicas, denominadas securitizadoras, podem emitir o CRI. As companhias securitizadoras de créditos imobiliários são instituições não financeiras, constituídas sob a forma de sociedades por ações, que têm por finalidade a aquisição e securitização desses créditos e a emissão desses ativos no mercado financeiro.*

*Cabe salientar que é comum que seja instituído o regime fiduciário. Ou seja, os recebíveis:*

- *São separados do patrimônio da securitizadora e destinados exclusivamente à liquidação dos CRIs, bem como ao pagamento dos respectivos custos de administração e de obrigações fiscais.*
- *Estão isentos de qualquer ação ou execução pelos credores da securitizadora.*
- *Só responderão pelas obrigações inerentes aos CRIs. Desta forma, a securitizadora não pode utilizar tais recebíveis para outras finalidades que não as acima destacadas.*

***Estruturação de um CRI***

<u>Shopping:</u>

*Digamos que o sr. João seja dono de um* shopping center *que tem renda mensal de aluguéis. Ele quer fazer uma ampliação no* shopping, *que custará R$ 5 milhões, mas não quer contratar um empréstimo direto no banco, ou mesmo colocar recursos próprios. Como o sr. João poderá usar o mercado para financiar essa ampliação?*

*Ele pode antecipar os recebimentos dos aluguéis fazendo a securitização desse fluxo futuro. De início, é feita uma análise de crédito da qualidade da operação desse* shopping, *e digamos que se chegue a um acordo em que a taxa adequada a ser paga seja, por exemplo, de Inflação + 7,50% (ou CDI + 2%), com prazo máximo de dez anos.*

*O sr. João receberá os R$ 5 milhões para começar as obras de ampliação. Problema resolvido. Para os lojistas, nada muda. Porém, os investidores receberão o fluxo dos contratos desses aluguéis em função da cessão dos direitos durante os próximos dez anos, atra-*

*vés do pagamento dos juros combinados até a quitação completa da dívida.*

*Some isso ao fato de que o* shopping *em si pode também ser dado em garantia, fisicamente falando, por meio de uma alienação fiduciária. Além do mais, o dono do* shopping *será fiador da operação com outros patrimônios relacionados.*

*Temos aqui apenas uma operação de um CRI em um fundo de papel disponível no mercado que, geralmente, possui de 30 a 40 CRIs internamente em sua carteira.*

*Loteamento:*

*O sr. José é dono de uma loteadora. Ele tem uma gleba que já teve toda a sua documentação aprovada e começou a desenvolver o loteamento, vendendo os lotes individualmente. A fase inicial, que é a mais arriscada, portanto, já passou. Agora ele tem um ativo* performado, *no qual a infraestrutura já está em andamento, além de vários lotes que já foram vendidos, que serão recebidos a prazo.*

*Mas o sr. José quer antecipar o recebimento dessas prestações dos lotes que foram vendidos para finalizar completamente a obra ou mesmo realizar o lançamento de outro loteamento. Ele agrupa todos aqueles contratos dos lotes vendidos, vai até uma securitizadora e os converte em uma CCI – Cédula de Crédito Imobiliário.*

*Ali é feito um estudo indicando que a taxa adequada é Inflação + 10% com prazo de oito anos. A securitizadora oferece isso ao mercado e, mais uma vez, entram em ação os recursos financeiros em caixa de um fundo de papel. O sr. José receberá as parcelas à vista, porém o fluxo de pagamento das prestações irá remunerar os investidores conforme a taxa combinada.*

*Esse tipo de operação carrega um componente interessante chamado de "sobre colateral".*

*Digamos que a dívida mensal – parcela – a ser paga seja de R$ 100 mil reais. A conta "Escrow" que recebe este recurso receberá um valor de 30% a mais do que o necessário, portanto, R$ 130 mil. Estes R$ 30 mil excedentes poderão ser usados para aumentar o fundo de reserva do CRI, antecipar o pagamento da dívida ou simplesmente devolver esse excesso ao sr. José.*

*Se um contrato ficar inadimplente, o sr. José é obrigado a substituí-lo por outro, ou mesmo cobrir a diferença do próprio bolso. Vale ressaltar que essas operações são "cetipadas", portanto, controladas pela CETIP, que é uma integradora do mercado financeiro, oferecendo registro, central depositária e negociação dos ativos.*

*O risco é que a inadimplência possa ir se deteriorando. Porém, observe que não é uma operação binária. O que isso significa? O sobre colateral da operação e os chamados CRIs Mezaninos (ou Juniores) funcionam como escudos para os CRIs Seniores que são colocados nos fundos de papel de melhor qualidade. Então, mesmo que haja um crescimento progressivo da inadimplência, a operação terá fluxo positivo durante boa parte de sua existência. Como são operações de crédito, elas podem ser antecipadas pelos seus credores. Nesse caso, o dinheiro volta para o fundo e o gestor buscará novas alocações.*

## Fundos de fundos

Também conhecidos como FOFs – do inglês *Fund of Funds* – fundos desse tipo, como o próprio nome já diz, investem em cotas de outros fundos.

Quem compra cotas de um FOF entra em uma carteira já diversificada por natureza. Isso oferece alguma segurança, não só em relação à preservação do patrimônio, mas também à regularidade da renda distribuída.

Para o iniciante, pode fazer sentido começar por eles. Comprar cotas de um único fundo reduz os custos com corretagem – embora existam diversas corretoras que não cobram corretagem para FIIs – e, dessa forma, um FOF pode ser aquele primeiro fundo que você irá comprar para dar os primeiros passos em fundos imobiliários.

Outro ponto que pode ser visto como vantagem em um FOF é a gestão profissional. Alguém, especialista no mercado, montou aquela carteira diversificada que está ali dentro. Por outro lado, não pense em ter um único fundo, mesmo que seja um FOF, pois com apenas um você está altamente concentrado no risco de gestão.

Além do mais, essa gestão profissional tem uma condição: o custo. Em um FOF você paga taxas de administração e gestão em duplicidade. Uma no FOF e outra em cada fundo que ele tem internamente na carteira. Por isso, um investidor com uma carteira idêntica à de um FOF, considerando apenas os rendimentos distribuídos, receberia uma renda mensal maior.

O que pode compensar essa diferença é a gestão ativa feita na carteira do fundo. O gestor busca constantemente oportunidades para realizar ganhos de capital, vendendo fundos que valorizaram mais e comprando outros com potencial de valorização. Os lucros são distribuídos aos cotistas, sempre observando a regra dos 95% de *payout* e, por consequência, o cotista receberá esse ganho líquido, isto é, sem a necessidade de pagar o imposto de renda, visto que já ocorreu a retenção por parte do administrador do fundo.

Essa busca constante por ganhos de capital nem sempre é uma tarefa fácil: há momentos em que o mercado está sobrevalorizado e o gestor tem dificuldades para encontrar barganhas. A liquidez também pode atrapalhar, pois fundos com um patrimônio muito grande terão maiores dificuldades em desmontar e remontar posições sem influenciar de forma significativa as cotações no mercado secundário.

Some isso ao fato de que o mercado de fundos imobiliários não permite operações com derivativos, como estamos acostumados a ver no mercado de ações. Na prática, isso significa que, quando há quedas generalizadas das cotações, o gestor não consegue se proteger. A mão do gestor aqui tem de ser cirúrgica para que ele seja capaz de perceber com antecedência correções de mercado e se posicionar em ativos mais defensivos, sejam recebíveis ou outros que não seriam impactados de forma relevante. A tarefa diária de um gestor de FOF não é trivial, pois qualquer erro poderá impactar o resultado contábil do fundo.

Vale reforçar que, até o momento em que se publica este livro, observando evidências de desempenho passado acumulado, os FOFs em geral não fizeram jus à vantagem de ter profissionais fazendo a gestão interna da carteira – um ou outro se destaca um pouco mais, pois chegaram ao mercado em momentos flagrantemente favoráveis e se posicionaram melhor em boa parte dos ativos. No entanto, fundos mais antigos que passaram por ciclos maiores não apresentaram resultados acima da média.

## Analisando fundos de fundos

Exposta a dinâmica de um FOF, vejamos alguns critérios que você pode utilizar para facilitar suas decisões.

Comece observando o desempenho passado do fundo. Encontrar oportunidades para o ganho de capital é fundamental para que o gestor consiga distribuir rendimentos satisfatórios que justifiquem o investimento. Mesmo o desempenho passado não sendo garantia de desempenho futuro, o *track record* pode dar boas pistas sobre a competência do gestor.

Lembrando sempre que o bom desempenho vem do ganho de capital e isso é um lucro não recorrente: não se encante com o *yield* alto de um único mês. Observe o histórico de resultados.

Veja quais fundos imobiliários compõem a carteira do FOF. Você investiria nesses fundos?

Não faz sentido comprar um fundo em que você não se sinta confortável com os ativos que formam seu patrimônio.Compreenda a estratégia do gestor e exercite o senso crítico. Isso aumenta sua consciência da situação e facilita as tomadas de decisão de investimento.

Os FOFs, em tese, deveriam ser anticíclicos. Todavia, no Brasil ainda não vimos isso acontecer de forma evidente e consolidada. Pelo contrário, sobretudo pelo fato de os gestores realizarem emissões quando o mercado está em alta. Deveria ser o contrário, mas então entramos na questão de como os possíveis cotistas terão o discernimento de dar um cheque em branco nos piores momentos das cotações do mercado secundário.

Os investidores, em geral, carregam alto grau de conservadorismo e receio – é um processo que leva tempo para mudar de modo a trazer a real eficiência para os FOFs.

Por fim, prefira FOFs que negociem com desconto em relação ao valor patrimonial, com relação P/VP menor do que 1. Em um FOF, o valor patrimonial é calculado com base na cotação de mercado de cada fundo que compõe a carteira. Esse desconto, além de ser uma margem de segurança, pode indicar algum potencial de valorização.

> ***Décio Bazin, em seu livro* Faça fortuna com ações, *recomendava o investimento em empresas que distribuíssem ao menos 6% de dividendos em relação ao valor aportado no ativo, no prazo de um***

***ano. No seu tempo, os fundos imobiliários estavam apenas começando a operar, mas certamente ele ficaria satisfeito em constatar que certos fundos entregam um retorno anual superior a 10% em relação ao valor investido, na forma de dividendos. O alto* Dividend Yield *dos fundos imobiliários é praticamente a razão de eles existirem.***

## *INDICADORES PARA FUNDOS IMOBILIÁRIOS*

### Dividend Yield *anual*

*Muitos investidores iniciantes desejam uma grande tabela que sintetize num só lugar os melhores FIIs. É aí que mora o perigo. Para alguns, os indicadores são de extrema importância. Para outros, olhar para eles é totalmente descartável e inútil.*

*Um indicador bastante procurado é o **DY anual**: este indicador mostra o percentual que o FII distribuiu aos cotistas nos últimos 12 meses. Esse é o indicador "*top one*". Todos querem os fundos que pagam mais.*

*O investidor faz uma ordenação do maior para o menor e pronto. Esse procedimento é quase automático para os investidores iniciantes. Agora a lista dos dez melhores está pronta. É só começar a investir. Será? Não, não mesmo.*

*Os fundos imobiliários que pagam sempre mais, ou que pagaram mais nos últimos 12 meses, não são, necessariamente, os melhores.*

***Regra nº 1: o investidor de FII deve ser mais fundamentalista e diligente em suas escolhas.***

*Compreenda por que um determinado fundo está pagando mais ou menos do que a média. Conhecer a média é fundamental para termos uma referência interna. A partir daí, temos uma ideia do que está abaixo, ou muito abaixo; e acima, ou muito acima.*

*Buscar as respostas dos extremos – muito abaixo ou muito acima – é um excelente exercício para o processo de aprendizagem.*

*Todas as frustrações que tivemos, especialmente entre 2011 e 2012 na época dos lançamentos – IPOs –, foram porque os investidores compraram FIIs olhando só para a renda e se esqueceram daquilo que é mais importante: o que há por trás de fato destas quatro letrinhas. E, claro, não queremos investidores frustrados. Queremos investidores conscientes e realizados.*

## Payout

*Você pode se perguntar se há necessidade de considerar esse indicador dentro do contexto de fundos imobiliários. É possível que o* Payout *seja muito mais útil quando avaliamos ações, pois alguns investidores buscam empresas em que esse indicador seja bem acima da legislação mínima exigida no Brasil, hoje em 25%.*

*A Taxa de* Payout, *ou simplesmente* Payout, *é o percentual de lucros que é distribuído por um FII ou empresa, em forma de dividendos ou juros sobre o capital próprio – renda.*

*Esse percentual é calculado fazendo uma simples divisão direta dos dividendos pagos pelo lucro líquido apurado do período avaliado, o qual, para efeitos didáticos, em FIIs consideramos normalmente um semestre ou um ano. Não confunda* Payout *com* Dividend Yield.

*Ainda sobre as ações: uma empresa que tem* Payout *de 30% normalmente tem como política básica o reinvestimento dos lucros no próprio negócio. Já uma empresa que distribui acima de 100%, é bem possível que esteja distribuindo lucros acumulados em períodos anteriores – não recorrentes.*

*Observe que há semelhanças evidentes nos fundos imobiliários. A grande diferença é que, por lei, os administradores são obrigados a distribuir 95% do lucro apurado dentro do semestre. Essa é uma das principais regras básicas impostas por lei, até como forma de manter a isenção de Imposto de Renda dos FIIs.*

*Em resumo: o* Payout *normal de qualquer FII é 95%. E por que esse percentual? Porque a legislação prevê que os outros 5% devem ser investidos no caixa do fundo para manutenção das operações e reformas futuras, especialmente no caso de ativos de tijolos.*

***O que acontece com FIIs que pagam acima de 100%?***

*A princípio, nada.*

*Muitas vezes podemos encontrar esse mecanismo em fundos com prática de gestão ativa, independente da subclasse – tijolo, papel, FOFs, entre outras. O importante é avaliar o que levou o administrador a distribuir acima de 100% do lucro.*

*Por vezes, investidores ficam preocupados que o "Fundo XYZ está queimando caixa". Porém, o administrador do fundo em questão tem a lei a seu lado no sentido de que, ao apurar lucro, ele pode distribuir esse excesso semestralmente.*

*O lucro acima do normal pode ter sido em função da venda de um imóvel, recebimento de uma multa expressiva de algum locatário, giro de posição em carteira, enfim, todo efeito não recorrente.*

***O que o investidor deve fazer?***

*A princípio, reinvestir no próprio fundo, pois ele continua mantendo sua proporcionalidade.*

*Outra confusão feita por alguns investidores é entre lucros acumulados e amortização. São coisas bem diferentes.*

*Um FII que faz sucessivas amortizações irá naturalmente perder musculatura, pois o portfólio vai definhando com o tempo, podendo inclusive chegar ao extremo de ser encerrado. Já um FII que gera lucros adicionais com certa frequência deve ser avaliado pela capacidade do gestor, e não como falcatrua.*

*Devemos perguntar: a gestão ativa praticada é no sentido de melhorar o portfólio ou para manter a renda artificialmente em um determinado patamar? Isto sim é passível de alguma discussão mais profunda.*

***P/VP***

*Sem entrar na polêmica se preço importa ou não importa, hipoteticamente vamos pensar que exista o FII SUNO11. O "P" é o preço naquele momento no mercado secundário – Bolsa B3. Ou seja, é o quanto as pessoas estão literalmente dispostas a negociar SUNO11 no* home broker *da corretora.*

*Nesse exemplo, digamos que o "P" do SUNO11 seja R$ 100,00 por cota. Já o "VP" não tem nada a ver com o mercado de Bolsa, e sim com como esse ativo foi avaliado no mercado primário – real – por profissionais terceirizados que são contratados pelo administrador do fundo.*

*Nesse momento, será formulado o laudo de avaliação que, somando os recursos financeiros do fundo e dividindo pela quantidade de cotas, encontrará o chamado Valor Patrimonial – VP. Essas reavaliações são feitas pelo menos uma vez ao ano e procuram retratar o ativo com base em seus pares, além de ponderar todo o fluxo de caixa previsto para os ativos presentes em seu portfólio. Já no caso de fundos de recebíveis – CRIs, LCIs, dentre outros –, as precificações são mais ágeis, por se tratar de ativos financeiros.*

*Muitos são os fatores que podem influenciar esses resultados e isso é bem dinâmico, podendo gerar variações relevantes de um ano para outro. Vejamos dois cenários possíveis que podem ser apurados:*

- *Cenário 1: VP de R$ 95,00.*
- *Cenário 2: VP de R$ 105,00.*

*Vamos relembrar quanto o mercado estava pagando por SUNO11? R$ 100,00 por cota.*

*Portanto, considerando o cenário 1:*

- *P/VP = 100/95 = 1,05 (ágio).*

*Já no cenário 2:*

- *P/VP = 100/105 = 0,95 (desconto).*

*É claro que, assim como acontece em um painel de um avião, um indicador por si só não quer dizer tudo. Como o próprio nome diz, ele é apenas um indicador e deve ser combinado com vários outros a fim de se criar uma estratégia para alocação de recursos, em especial numa carteira imobiliária.*

*Obviamente, quando se compra qualquer ativo com desconto, sua margem de segurança se torna maior. Por outro lado, comprar com desconto hoje não é, necessariamente, um ótimo negócio. Há de se ponderar também o macrocenário.*

*O desconto de hoje pode ser o ágio de amanhã. Por isso, é recomendável mesclar um bom painel de indicadores com uma análise mais subjetiva e fundamentalista para cada fundo. Quando se age de forma muito binária durante as escolhas, os riscos naturalmente aumentam.*

***Como esse indicador pode ser usado nos FIIs para refinar a seleção de uma carteira?***

*A resposta não é binária, e também não é tão simples quanto parece. Há de se avaliar todo um contexto para que possamos entender a relevância desse indicador, com uma visão holística dentre as opções disponíveis.*

*O P/VP funciona exatamente como um farol. Nada mais do que isto. Não deve ser usado como um fator de decisão sumária. É uma referência que nos indica a percepção do mercado com base nas perspectivas e, muitas das vezes, podemos ver alguma antecipação desse movimento.*

*Nem tudo é plenamente orquestrado e há, sim, certa assimetria entre o mercado real e o secundário, para cima ou para baixo. Em alguns casos, podemos ter situações extremas, inclusive.*

*Todo investidor tende a buscar alguma âncora para justificar suas escolhas. No entanto, cada decisão precisa ser fundamentada com base em um contexto e uma perspectiva. Não adianta comprar um ativo com desconto sendo que o contexto em que ele está inserido e sua perspectiva não são favoráveis.*

*Muitos investidores simplesmente optam por ignorar esse indicador, pois entendem que a reavaliação patrimonial de um imóvel é volátil ano a ano, e para o investidor de longo prazo não faria sentido algum tomar decisões dessa natureza.*

*Outros entendem que a relação P/VP é útil apenas para os fundos de recebíveis – papéis – e os conhecidos fundos de fundos (FOFs), visto que são, em essência, ativos financeiros, e a avaliação patrimonial e contábil é importante para uma realização adequada de compra ou venda.*

*Novamente, nenhuma avaliação pode ser 100% binária. Buscar referências mais concretas, especialmente quando olhamos o mercado real, é fundamental para tomar uma decisão mais acertada dentro do processo de alocação em ativos imobiliários.*

# VII
# INVESTINDO EM FUNDOS IMOBILIÁRIOS

***Os melhores empreendedores e investidores são aqueles que, respeitando o seu perfil, sabem ponderar a relação entre risco e retorno de cada operação. No longo prazo, retornos razoáveis e consistentes são mais importantes do que altos retornos apenas esporádicos, sendo imprescindível conhecer as referências do mercado em questão.***

O investidor que tem uma carteira amplamente diversificada de ativos – o que é saudável e aconselhável –, mas ainda não investe em fundos imobiliários, deveria considerar acrescentá-los à carteira de investimentos.

Diversos estudos apontam as vantagens de ter fundos imobiliários dentro de uma carteira diversificada de ativos com renda fixa, dólar, ouro, ações e mesmo investimento direto em imóveis.

Por outro lado, não podemos fechar os olhos para os riscos presentes nessa grande seara. A princípio, os fundos imobiliários são ativos financeiros e, como tais, apresentam riscos já bem conhecidos. A sua natureza imobiliária exigirá maior avaliação de riscos no sentido de evidenciar onde os investidores devem habitualmente colocar suas lupas.

Mais uma vez, reiteramos a importância de realizar avaliações recorrentes – ao menos a cada semestre – nos ativos presentes em suas carteiras e uma reavaliação macroestratégica por ano. É um mantra a ser repetido, mas que fará total sentido à medida que o investidor mantiver seu capital nessa classe de ativos.

## Os riscos

Todo investimento possui risco e não seria diferente com fundos imobiliários. Conhecer os riscos permite criar estratégias para diluí-los. Vamos conhecer os principais riscos a que um investidor de fundos imobiliários está exposto.

**Risco de liquidez:** liquidez é a facilidade de transformar o ativo em dinheiro. Portanto, risco de liquidez é a possibilidade de você não conseguir transformar o seu ativo em dinheiro na hora em que precisar.

**Risco de mercado:** esse risco está relacionado com as oscilações no preço do ativo em função das negociações na Bolsa.

**Risco de crédito:** esse é o risco de o tomador do empréstimo dar o calote e não pagar o investidor que emprestou o dinheiro. Fundos que investem em recebíveis imobiliários estão expostos a isso.

**Risco de vacância:** é o risco relacionado ao fato de o imóvel ficar desocupado.

**Risco de inadimplência:** esse risco se refere ao fato de o inquilino, que tem uma obrigação de pagamento de aluguel, não efetuar tal pagamento e se tornar inadimplente.

**Risco monetário:** é o risco de uma mudança na política monetária afetar negativamente o valor dos seus ativos.

**Risco regulatório:** é o risco que o investidor corre caso haja qualquer alteração nas normas que regulam seu investimento, que possam afetá-lo de forma negativa.

**Risco tributário:** aqui, o risco é uma mudança na legislação que afete a isenção tributária, como foi cogitado no início de 2016, mas acabou não ocorrendo.

**Riscos do negócio:** são os riscos relacionados especificamente ao negócio em que o dinheiro foi investido, como o risco de o negócio ser superado pelos concorrentes, se tornar obsoleto ou simplesmente não ser bem administrado. São empresas que ocupam seus imóveis. Principalmente quando estamos analisando fundos monoativo e monoinquilino, em imóveis que têm características muitos específicas, que impeçam ou dificultem que ele seja ocupado por outro tipo de inquilino, esse risco deve ser bem considerado.

Existem ainda outros tipos de riscos mais raros de acontecer, como depredações, desapropriações, desastres naturais e incêndios. Mesmo com seguros para determinados eventos, tais riscos não deixam de existir. O fato de esse tipo de investimento ser lastreado em imóveis faz com que seja pouco provável que um investidor perca todo o patrimônio investido em um fundo imobiliário. Fundos imobiliários não contraem dívidas, portanto, também não irão à falência. Nos piores casos, imóveis podem ser vendidos, nem que seja o terreno, e parte do capital investido sempre pode ser recuperado.

Na prática, um fundo imobiliário não quebra, mas pode ficar sem caixa. Nesse caso, novas emissões serão necessárias a fim de custear as despesas dessas propriedades. Já tivemos casos dessa natureza no mercado brasileiro, lembrando que são mais comuns em fundos com alto nível de concentração, seja de ativos, seja de locatários. O investidor não será obrigado a aportar capital, mas, caso não o faça, sua participação será naturalmente diluída perante as novas cotas que forem integralizadas diretamente no próprio fundo.

## Diluindo os riscos

Assim como na vida, riscos conhecidos podem ser gerenciados e minimizados. Duas grandes armas que permitem ao investidor diluir os riscos do investimento em fundos imobiliários são uma boa análise e uma diversificação inteligente. A essa combinação damos o nome de diversificação seletiva.

*A análise*

A análise é um processo contínuo. Após a compra de um determinado fundo imobiliário, você deve estar atento e observar se os critérios que levaram à compra permanecem. Eventualmente, algumas condições irão mudar. Cabe a você perceber se são mudanças pontuais ou permanentes, do tipo que fariam o fundo perder a qualidade e capacidade de geração de renda no longo prazo. Tenha sempre a visão de longo prazo. No curto prazo, mudanças pontuais que provoquem redução no preço da cota podem até ser boas oportunidades para comprar mais. Porém, se perceber que o fundo ou o patrimônio do fundo estão tomando um caminho que levará ao prejuízo no longo prazo ou, ainda, ao perceber que existem opções melhores de investimento com melhores retornos e menores riscos, considere a possibilidade de vender suas cotas.

*A diversificação*

Diversificar não é simplesmente comprar cotas de vários fundos. Cada fundo que for incluído na sua carteira deve antes ser bem analisado. Sem análise, a diversificação não faz sentido nenhum.

Uma das vantagens dos fundos imobiliários é a alta capacidade de diversificação. Tenha fundos imobiliários de setores e gestores diferentes, mas que tenham alguma aderência à sua estratégia: renda ou ganho de capital. Dessa forma, suas fontes de receita estarão pulverizadas em diversos bons imóveis ou recebíveis.

Não se preocupe muito com a quantidade, e sim com a qualidade dos fundos. Ter mais que doze ou quinze fundos não faz tanto efeito na redução dos riscos. Nada impede que você tenha mais fundos, desde que tenha condições de analisar e acompanhar constantemente, ou então que esteja naturalmente mais exposto em ativos mais concentrados.

Ter vários fundos imobiliários já reduz muitos dos riscos citados. Porém, não reduz o risco global da sua carteira de investimentos. Para isso, o ideal é que você tenha posições em outras classes de investimentos, principalmente os que tenham correlação negativa entre si, como, por exemplo, títulos públicos atrelados ao CDI ou mesmo inflação.

## IFIX - Índice de Fundos Imobiliários

O IFIX é um índice que busca medir o desempenho geral do mercado de fundos imobiliários. Foi criado em dezembro de 2012, porém com dados retroativos a 31/12/2010, quando teve início com 1.000 pontos.

Ele monitora o desempenho de uma carteira teórica composta pelos fundos mais negociados em Bolsa. O monitoramento de desempenho se dá pela média ponderada do retorno total de cada fundo, isto é: a variação do preço das cotas somada aos rendimentos distribuídos.

Um índice de mercado permite - além do acompanhamento do mercado que ele monitora - a comparação com outros índices, a utilização como *benchmark* e o funcionamento como base para outros fundos que tentem replicar seu desempenho copiando sua carteira teórica.

Apesar de servir de base para um acompanhamento geral do desempenho do mercado de fundos imobiliários, não necessariamente os fundos que compõem o IFIX são exatamente os fundos em que você deve investir. Eles são eleitos somente pelo critério de liquidez e poderão não estar de acordo com a sua estratégia.

Você pode encontrar todas as informações sobre o IFIX, como os fundos que compõem o índice, com a participação de cada um, e dados históricos e estatísticos no *site* da B3.

> ***O investimento em fundos imobiliários representa uma jornada de várias milhas. Reavaliar a rota em momentos chave é fundamental. Também é preciso compreender que, além dos bônus dessa modalidade de capitalização, existem também os ônus oriundos do sistema tributário: lidar com diligência com esse aspecto é uma obrigação dos precavidos.***

## *UMA LONGA VIAGEM*

*É importante avaliar a própria carteira de investimentos de tempos em tempos. Alguns investidores podem assumir que essas reavaliações devem ser feitas todos os dias, ou mesmo uma vez ao mês, visto que o mercado tem uma dinâmica em que as condições mudam com frequência, especialmente em função do próprio preço. É um assunto espinhoso, sem resposta exata.*

*Reavaliar entre uma e duas vezes ao ano é o mínimo necessário para um investidor ancorado em uma estratégia de longo prazo. Não é nada com altíssimo grau de profundidade, mas vale como meio de reforçar premissas e redesenhar a estratégia de alocação.*

*Os fundos imobiliários, especialmente os de tijolos, têm forte relação com as expectativas econômicas no país. Não dá para ignorar esse fato, e a contextualização se torna necessária quando se busca alocações de maneira eficiente.*

*Perceba que não é um jogo para adivinhar o futuro, e sim uma forma consciente de alocar capital. Lembre-se de que sua vida de acumulação é finita. Não desperdice tempo e dinheiro. O resultado lá na frente será diferente em função de suas escolhas. E suas escolhas são pautadas em função do seu conhecimento. E o conhecimento é construído com base em estudos. Não há atalhos.*

*É perfeitamente possível construir uma carteira previdenciária pelo simples fato de dedicarmos um pouco do nosso tempo.*

***O que é importante avaliar no fechamento de um ano?***

*São vários os pontos a serem observados, mas um deles merece destaque especial:* ***renda real****.*

- *Verifique quanto o seu FII pagou, em média, nos últimos 12 meses.*
- *Verifique o seu preço médio nesse FII.*
- *Faça a divisão do valor médio pago por cota pelo seu preço médio. Lembre-se de multiplicar por 12, mas, caso queira um valor mais preciso, faça a conversão da taxa mensal para anual. Para realizar essa conversão, existem* websites *com fácil acesso ou mesmo função específica no próprio programa de planilhas, como o Excel.*
- *Apure a inflação média entre IPCA e IGP-M nos últimos 12 meses.*
- *Pronto: subtraia um do outro e terá a renda real consolidada.*

*Esse cálculo pode não ficar 100% preciso, mas você terá um excelente indicativo de como os FIIs podem multiplicar seu patrimônio de forma concreta e real. E você terá cada vez mais a certeza de que vencer a inflação de forma sistematizada é um excelente caminho para acumulação patrimonial com consistência.*

*Outro ponto a se considerar:* ***vacância ponderada****.*

*Observe o percentual de área vaga absoluta do FII presente na sua carteira.*

- *Multiplique pelo percentual locado desse FII.*
- *Agora, você tem a área vaga relativa.*
- *Por fim, some todas as áreas vagas relativas de cada FII.*
- *Pronto: veja quanto é a vacância ponderada de sua carteira.*

*Mais um ponto interessante:* **benchmarks *(IFIX x CDI)***.

- *Consolide o retorno total acumulado da sua carteira em 12 meses.*
- *Agora, compare com o IFIX e CDI – ambos acumulados em 12 meses.*
- *Pronto: você terá uma boa referência de seu desempenho.*

*Colocamos aqui três pontos a serem observados, mas é claro que podemos explorar outras esferas, também relevantes, que estão presentes em uma ampla carteira de FIIs.*

## *IMPOSTO DE RENDA NOS FUNDOS IMOBILIÁRIOS*

*Cláudio Juchem é empresário na área de educação voltada para cursos de mercado financeiro e tributação, além de atuar como planejador. Contamos com o seu auxílio para elaborar orientações sobre a tributação em fundos imobiliários.*

*A Receita Federal determina que todo "contribuinte Pessoa Física que realizou operações em bolsas de valores, de mercadorias, de futuros e assemelhadas deve apresentar sua declaração de imposto de renda". Portanto, mesmo quem apenas comprou cotas de fundos imobiliários já é obrigado a apresentar Declaração Anual de Ajuste, que deverá ser entregue até o último dia útil de abril.*

*Nesse caso, como o contribuinte somente comprou cotas, deverá apenas lançar as suas operações na Declaração de Bens e Direitos discriminando a quantidade de cotas adquiridas e o valor total pago, incluindo todos os custos incidentes na aquisição – corretagem e emolumentos.*

*Quando realizar a venda das cotas adquiridas, deverá apurar seu resultado nessa operação, confrontando o preço de venda, acrescido dos custos de corretagem e emolumentos com o custo de aquisição. Aqui fica implícito que todo investidor deve manter um controle dos custos individuais dos ativos que compõem a sua carteira de fundos imobiliários.*

*O custo das cotas na carteira do investidor só será modificado pela aquisição de novas cotas ou, no caso de amortizações, quando o valor do custo médio for reduzido proporcionalmente.*

*Em princípio, excetuando-se os casos de amortizações, tais ativos não sofrem qualquer correção de valores. Logo, quando houver vendas, as baixas na carteira serão procedidas pelo custo médio de aquisição, independente do preço de venda, auferindo assim lucros ou prejuízos.*

*Por exemplo: o investidor possui 50 cotas do BRCR11, com custo médio de R$ 110,00 por cota. Se vender 25 cotas a um preço unitário de R$ 120,00, terá de dar baixa nessas cotas mantendo o preço médio de aquisição – R$ 110,00 –, porém auferindo lucro de R$ 250,00.*

*A corretora procederá à retenção do IRRF de R$ 0,15 (0,005% x R$ 3.000,00), devendo o contribuinte recolher o IR adicional de R$ 49,85 (20% sobre R$ 250,00 – R$ 0,15 IRRF) até o último dia útil do mês seguinte àquele em que a operação de venda foi realizada.*

*Caso a venda das 25 cotas tenha sido feita por um preço inferior ao custo médio de aquisição (por exemplo, R$ 103,00 por cota),* *a baixa da carteira também será dada pelo seu preço médio de aquisição (R$ 110,00). Porém, nesse caso o contribuinte auferirá um prejuízo de R$ 175,00 (25 x 7,00), lembrando que também haverá a retenção de IRRF pela corretora, agora no valor de R$ 0,13 (0,005% x 2.575,00).*

*Assim, o saldo de cotas da carteira do investidor continuará sendo de 25 cotas, a um custo médio de R$ 110,00. O preço médio das cotas só se altera quando houver novas compras ou amortização de cotas.*

*Mesmo na venda de cotas com prejuízo, perceba que houve a retenção de IRRF (R$ 0,13) pela corretora. Essa retenção obrigatória tem a função de mostrar à Receita Federal quem operou em renda variável.*

*Que tratamento será dado ao prejuízo de R$ 175,00 e ao imposto retido de R$ 0,13? Tanto o prejuízo quanto o imposto retido na fonte poderão ser compensados em outras operações de venda de cotas de fundos imobiliários, deduzindo o prejuízo do lucro apurado e também recolhendo o IR devido na nova operação, deduzido do IRRF retido no caso de operações que geraram prejuízos.*

*Esse prejuízo, bem como o IRRF recolhido, não prescreve, podendo ser usado em quaisquer meses subsequentes, ou mesmo em exercícios futuros, desde que reportados na Declaração Anual de Ajuste.*

*Diferentemente dos demais mercados de renda variável, a compensação de prejuízos em cotas de fundos de investimento imobiliário só poderá ser feita com lucros auferidos em negociações de cotas de FII.*

*Caso, em algum mês, o valor do IR a recolher seja inferior a R$ 10,00, esse valor deve ser agregado em um recolhimento que o contribuinte tiver que efetuar no futuro.*

## Day Trade

*A Receita Federal disciplina que o* Day Trade *seja calculado confrontando a primeira operação de compra com a primeira operação de venda e assim sucessivamente, sendo que o lucro ou prejuízo serão apurados ao final do dia, não envolvendo no cálculo o custo médio do estoque. A corretora de valores apurará o resultado do* Day Trade, *deduzindo os custos incorridos, e reterá 1% a título de IRRF, mas agora sobre o lucro auferido.*

*Note que, diferentemente das demais operações de renda variável, no caso de* Day Trade *só haverá retenção de imposto na fonte se o contribuinte auferir lucro.*

*Caberá ao investidor recolher o IR devido, calculando a alíquota de 20% sobre o lucro e deduzindo o que já foi retido na fonte, até o último dia útil do mês seguinte ao da realização da operação.*

*Na apuração mensal, o investidor poderá compensar o lucro ou o prejuízo do* Day Trade *com prejuízos ou lucros que tenha auferido em outras operações com cotas de FIIs, no próprio mês ou em meses anteriores. Esses prejuízos acumulados não prescrevem, podendo ser utilizados em meses ou exercícios futuros, desde que reportados na Declaração Anual de Ajuste.*

*Caso a quantidade de cotas compradas e vendidas no dia não seja igual, o cálculo do* Day Trade *não se alterará, porém as cotas compradas ou vendidas a mais serão lançadas na carteira do investidor.*

- *Se o volume de cotas compradas superar o número de cotas vendidas, as cotas excedentes passarão a compor a carteira do investidor e terão como preço de aquisição o valor pago pelas últimas cotas adquiridas.*
- *Caso o volume de cotas vendidas no dia supere o número de cotas compradas, essa quantidade excedente de cotas vendidas*

*terá o seu cálculo confrontando o preço das últimas cotas vendidas contra o custo médio de aquisição da carteira, tal como uma venda normal.*

*Na Declaração Anual de Ajuste, no caso de fundos imobiliários, a Receita Federal não faz distinção entre operações normais e* Day Trade, *diferentemente dos demais mercados. Assim, fica implícito que prejuízos em* Day Trade *ou em operações de venda normais podem ser compensados mutuamente.*

*Tal inferência faz sentido também porque a alíquota de imposto para operações normais e* Day Trade *no caso de FIIs são as mesmas: 20%. É diferente dos demais mercados, que têm duas alíquotas: 15% para operações normais e 20% para* Day Trade.

***Amortizações***

*Os fundos imobiliários, sendo fundos fechados, não possibilitam resgate de cotas, o que implica que suas cotas sejam negociadas em mercados secundários, tais como Bolsas de Valores ou Mercados de Balcão, quer sejam estes organizados ou não. O que é facultado aos fundos imobiliários é efetuarem amortizações de cotas, seja por decisão dos gestores ou em eventos e datas previstos nos seus regulamentos.*

*A Receita Federal determina que, havendo amortizações, essas sejam colocadas em proporções entre principal e rendimentos, com o intuito de impedir que, ao amortizar somente o principal, se promova a postergação do pagamento do imposto de renda.*

*Quando um fundo imobiliário procede com uma amortização, ele divide o valor da amortização entre principal e rendimentos, sendo que o principal não sofre qualquer tributação, pois é retorno do valor investido.*

*Os rendimentos serão tributados ou não conforme a natureza do investidor – se pessoa física ou jurídica –, considerando ainda:*

- *Se as cotas do fundo são negociadas em Bolsa de Valores.*
- *Se o fundo possui 50 cotistas ou mais do que isso.*
- *Se o cotista não possui mais que 10% das cotas do fundo.*

*Essas são as condições básicas para que o investidor pessoa física obtenha isenção de imposto sobre os rendimentos. Vejamos um exemplo real:*

*Em 2016, BRCR11 procedeu com uma amortização de cotas.*

*Para investidores sujeitos à tributação, o valor de R$ 16,304134239 amortizados por cota será dividido em:*

- *R$ 5,1540466986 recebidos a título de rendimentos tributáveis.*
- *R$ 11,150087253 recebidos a título de devolução de principal deduzido do custo médio de aquisição.*

*Para cotistas sujeitos à isenção, ou não sujeitos à tributação, o valor de R$ 16,304134239 amortizados por cota será dividido em:*

- *R$ 5,1540466986 considerados rendimentos isentos e não tributáveis.*
- *R$ 11,150087253 recebidos a título de devolução de principal deduzido do custo médio de aquisição.*

*No caso de um investidor que detinha 435 cotas:*

- *Amortização do Principal = R$ 4.850,29 (435 * 11,150087253).*
- *Rendimentos Pagos = R$ 2.242,01 (435 * 5,1540466986).*

*Feita a amortização, o investidor deverá corrigir nos seus controles, e também na Declaração de Bens e Direitos, o valor do principal, subtraindo o valor da amortização do principal do valor do custo de aquisição das cotas que detém, mantendo o número de cotas, pois na prática ocorreu uma redução do investimento pelo retorno do principal.*

***Preenchimento da declaração***

*Anualmente, devemos apresentar a Declaração de Ajuste do Imposto de Renda, compulsória para todos que operam em Bolsas de Valores, de Mercadorias, de Futuros e assemelhadas.*

*O contribuinte deverá declarar as cotas que detém de cada fundo imobiliário, na ficha de Bens e Direitos, especificando o número de cotas e valor atual do investimento através do código 73. Como o investimento não sofre correção, o valor a ser reportado é o obtido pela multiplicação do número de cotas pelo preço médio de aquisição, ou reduzido por eventuais amortizações ocorridas.*

*O rendimento recebido no ano calendário anterior deverá ser reportado em Rendimentos Isentos e Não Tributáveis no Quadro 9 – Lucros e dividendos recebidos. Porém, não estará errado caso o contribuinte informe os rendimentos no Quadro 26 – Outros.*

*Na Declaração de Renda Variável há um quadro específico para fundos de investimento imobiliário. Existem campos que admitem o lançamento de valores e outros que serão atualizados automaticamente.*

*O primeiro campo que devemos lançar é, no mês de janeiro, o Resultado Negativo até o Mês Anterior, se houver prejuízos de exercícios anteriores. Atenção: esse valor não é transportado automaticamente da declaração do ano anterior, logo deverá ser imputado pelo próprio contribuinte.*

*Também devemos reportar o resultado líquido, mês a mês; o imposto retido na fonte no mês de referência e o imposto pago pelo contribuinte. Os demais campos serão alimentados pelo sistema e compensam prejuízos anteriores até a sua exaustão.*

## ***Operando no mercado com eficiência fiscal***

*Para quem possui uma carteira de fundos imobiliários, é possível, em determinadas circunstâncias, postergar o pagamento do imposto de renda sobre um lucro auferido em determinado mês. Suponha que um investidor tenha cotas de dois fundos na sua carteira:*

- *100 cotas do Fundo ABCD11 com custo de aquisição de R$ 100,00 por cota.*
- *120 cotas do Fundo RSTU11 com custo de aquisição de R$ 130,00 por cota.*

*Em determinado mês as cotações dos dois fundos são:*

- *Fundo ABCD11 – R$ 135,00 por cota.*
- *Fundo RSTU11 – R$ 106,00 por cota.*

*O investidor decidiu vender 75 cotas do ABCD11 a R$ 135,00 auferindo um lucro de R$ 2.625,00 (75 cotas * R$ 35,00) – o que implicará que ele tenha de recolher o valor de R$ 524,50 (20% sobre o lucro, deduzindo R$ 0,50 que foi retido na fonte pela corretora).*

*Para evitar o pagamento do IR devido, basta que ele faça a venda, no mesmo mês, de 110 cotas do RSTU11 a R$ 106,00 por cota. Nesse caso, ela produzirá um prejuízo de R$ 2.640,00 (R$ 24,00 * 110) e haverá a retenção de IRRF no valor de R$ 0,58.*

*O investidor não desejava vender as suas cotas do RSTU11, pois acredita que o potencial de valorização desse fundo é promissor. Basta ele recomprar, nos dias seguintes, as mesmas 110 cotas que vendeu.*

*Provavelmente conseguirá recomprá-las por um preço muito próximo daquele pelo qual vendeu. Seu custo operacional nessa operação será muito baixo – algumas corretoras nem cobram corretagem sobre FIIs.*

*O mais importante é que ele deixou de recolher o IR devido (R$ 524,50) nesse momento e só terá tributação quando vender as cotas do RSTU11, que agora estarão com um custo de R$ 108,00, aproximadamente. Ainda terá um crédito de IRRF de R$ 1,08, que poderá ser compensado posteriormente, bem como um prejuízo a compensar de R$ 15,00 (R$ 2.640,00 – R$ 2.625,00).*

*Observação: isto não é uma recomendação, tratando-se apenas de uma observação didática de mecanismos que podem ser usados para que se tenha mais eficiência tributária em determinados casos.*

## Fundo imobiliário é bom para o longo prazo?

**Quando gráficos demonstram o valor de cada palavra escrita num livro sobre investimentos seguros e rentáveis.**

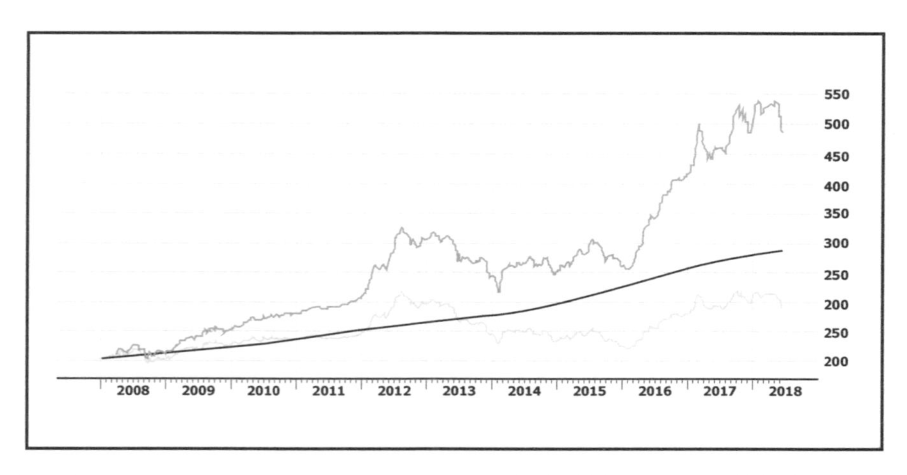


**O gráfico acima apresenta o desempenho no período de 2008 a 2018 do FII HGBS11, fundo imobiliário de *shopping center*. A linha superior representa o retorno total, somando a valorização da cota e da renda. A linha inferior apresenta apenas a variação do preço da cota e a linha intermediária apresenta o *benchmark* CDI acumulado – base 100** (fonte: Economatica / Suno Research).

**O gráfico acima apresenta o desempenho no período de 2014 a 2018 do FII KNCR11, fundo imobiliário de recebíveis, na linha superior, em comparação com o Fundo Mix Plus Crédito Privado LP RF (com investimento mínimo de R$ 500 mil). A linha inferior apresenta o *benchmark* CDI - base 85%** (fonte: Economatica / Suno Research).

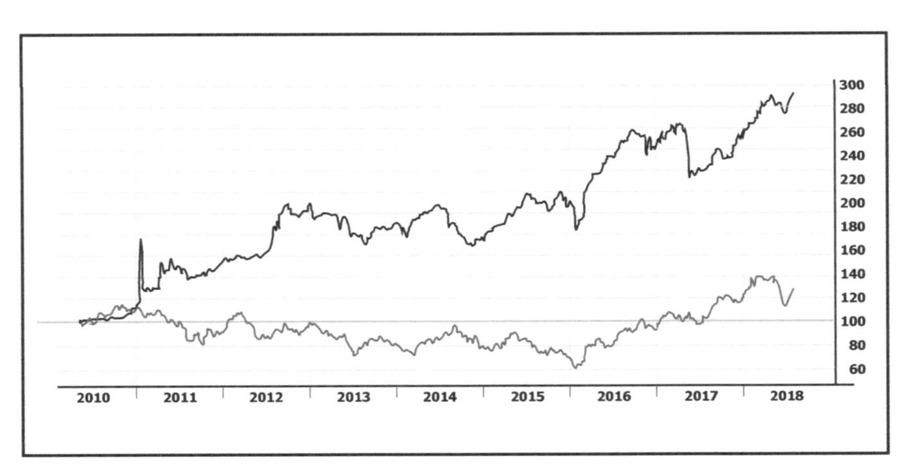


**O gráfico acima apresenta o desempenho comparativo no período de 2010 a 2018 entre o FII FEXC11, fundo imobiliário de papel especializado em CRIs, e o IBOV, índice médio da Bolsa de São Paulo que engloba as principais ações negociadas** (fonte: Economatica / Suno Research).

No gráfico a seguir, extraído de um relatório gerencial do Credit Suisse (CSHG), em referência ao fundo imobiliário Brasil Shopping – *ticker* HGBS11 –, fica evidente que o componente da renda é o que de fato enriquece um investidor no longo prazo. Eis a importância de se manter uma carteira saudável, pois o fluxo de caixa livre, sendo reinvestido, potencializa a força dos juros compostos e, com isso, a proteção patrimonial se torna uma consequência natural para aqueles que investem em fundos imobiliários.

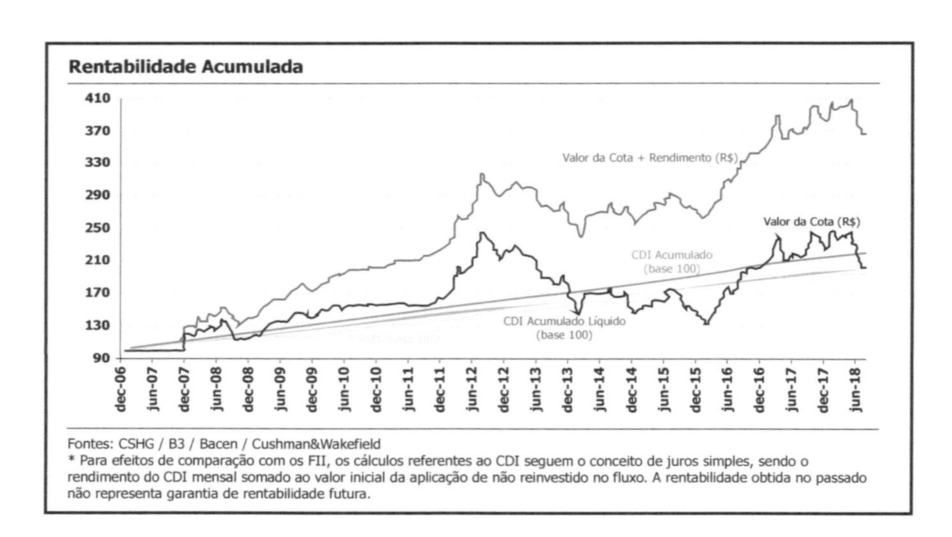


Fontes: CSHG / B3 / Bacen / Cushman&Wakefield
* Para efeitos de comparação com os FII, os cálculos referentes ao CDI seguem o conceito de juros simples, sendo o rendimento do CDI mensal somado ao valor inicial da aplicação de não reinvestido no fluxo. A rentabilidade obtida no passado não representa garantia de rentabilidade futura.

**Chegou o momento da conversa em que o mestre, caminhando ao lado do aprendiz, coloca a mão em seu ombro e diz: "Agora é com você" – passando-lhe as últimas instruções até o próximo encontro.**

## *GUIA RÁPIDO PARA INVESTIR EM FUNDOS IMOBILIÁRIOS*

*Após expressiva valorização do IFIX em 2017, próxima de 19%, o sentimento é que cada vez mais os fundos imobiliários terão importância e presença em uma carteira diversificada.*

*Apesar de, quando este livro foi escrito, existirem mais de 320 fundos imobiliários registrados na CVM, ainda estávamos restritos a pouco mais de 130 FIIs acessíveis de alguma forma.*

*No* link *a seguir, veja a lista de FIIs disponíveis no mercado:*

*http://www.b3.com.br/pt_br/produtos-e-servicos/negociacao/renda-variavel/fundos-de-investimentos/fii/fiis-listados/*

*Dentre eles, no momento em que este livro foi escrito, apenas 72 ativos compunham o IFIX, principal índice da B3, e que de fato são os fundos estudáveis.*

## *Ponto de partida*

*Todo investidor precisa ter uma conta aberta em alguma corretora de valores, com CPF e documentação básica. Temos dezenas de corretoras disponíveis no mercado brasileiro. Com uma pesquisa simples, é possível encontrar duas ou três que não cobram taxa de corretagem para operar no mercado de FIIs. É cobrada apenas a taxa de manutenção de conta, que é bem acessível.*

*Logo, você pode achar isso estranho, mas não é. Algumas corretoras já perceberam que, para os investidores novatos, começar pelos fundos imobiliários vem se tornando uma excelente porta de entrada. Ao não cobrarem taxas de operação de compra ou venda de cotas, as corretoras incentivam novos investidores a procurar ativos de renda variável.*

*Abrir uma conta em uma corretora é mesmo um tabu a ser vencido, porque muitos acreditam que, se a corretora quebrar, o seu dinheiro será perdido e ter todo o capital investido em um banco conhecido no mercado é sempre a alternativa mais segura.*

*Não é bem assim, e cada vez mais nossa missão é desmistificar esse tipo de pensamento dogmático, de modo a proporcionar ama-*

*durecimento e trazer, para o mercado, um número crescente de investidores.*

*Lembre-se sempre de que, ao comprar uma cota de um fundo imobiliário, você se torna sócio daquele ativo e a corretora funciona apenas como uma intermediária, oferecendo acesso no* home broker – *plataforma que proporciona a possibilidade de comprar e vender os FIIs listados na Bolsa remotamente via internet.*

*Assim como os grandes bancos, as corretoras funcionam também sob a supervisão do Banco Central e, caso uma delas entre em falência, suas cotas – ações e títulos – serão transferidas para outra corretora.*

*Importante: as suas cotas de FIIs não moram na corretora. Elas moram na CBLC – Companhia Brasileira de Liquidação e Custódia. Mais uma vez, reforçamos que a corretora nada mais é do que uma instituição intermediadora.*

***Negociação no Mercado Secundário – Bolsa: B3***

*Outro ponto importante a ser observado é o fato de que não se pede resgate de cotas de fundos imobiliários, como ocorre em poupanças e CDBs, ou mesmo em fundos de investimentos de renda fixa convencionais em bancos.*

*O processo é bem diferente. No início, você achará estranho, mas logo perceberá que não há segredos. Vejamos: a quantidade de cotas dos FIIs é finita e, para comprar ou vender, é necessária uma contraparte, ou seja, outro investidor que tenha interesse em também realizar compras e vendas.*

*O mercado de fundos imobiliários é um dos mais democráticos do Brasil. As cotas são negociadas em lotes unitários. Isso quer dizer que você pode comprar ou vender apenas uma cota em cada operação realizada. Em geral, os fundos são negociados em cotas com* *valores de R$ 2 a R$ 4.000. No entanto, a grande maioria dos FIIs negocia com cotas entre R$ 100 e R$ 200.*

*Aqui, vale uma observação: o mercado de FIIs no Brasil tem ganhado bastante espaço ano a ano. Em média, são negociados R$ 30 milhões por dia nos mais diversos fundos disponíveis. Claro, está longe de ser o ideal, até mesmo quando comparamos com o mercado de ações, no qual alguns bilhões são negociados diariamente. Mas o que nos chama a atenção é perceber que a situação vem evoluindo de maneira consistente.*

*Depois de esclarecidos os pontos iniciais, vejamos agora alguns passos importantes que devem ser lembrados pelos investidores interessados em fundos imobiliários.*

***1º passo: o percentual de FIIs em sua carteira global tem forte relação com seu conhecimento***

*É o velho e bom teste do travesseiro. Lembre-se de que o percentual irá variar com o tempo. Estabeleça, se necessário, bandas mínimas e máximas como forma de disciplinar seus aportes.*

*Warren Buffett costuma dizer: "Nunca teste a profundidade do rio com os dois pés". Aqui vale a premissa mais importante de que investir com segurança e conhecimento mínimo é fundamental para posições de longo prazo.*

*Definido o percentual máximo de FIIs em sua carteira global, chegou a hora de definir os percentuais mínimos e máximos de cada fundo internamente em sua carteira. Alguns podem dizer que esse tipo de orientação não é relevante para quem está em fase inicial de acumulação, mas como disciplina isso faz sentido, pois irá fazer com que naturalmente se busque conhecimento mais aprofundado sobre cada fundo.*

### *2º passo: foque mais na composição da carteira do que em cada ativo em separado*

*Este é sem dúvida o passo mais difícil. Muitas vezes, investidores iniciantes buscam compor carteiras com FIIs que pagam mais, realizando pesquisas em* websites *com os chamados* rankings *de rendimentos. Porém, essa estratégia pode carregar sérios riscos implícitos.*

*É importante avaliar FIIs que tenham consistência em sua distribuição e procurar selecionar aqueles com histórico já comprovado, seja pela qualidade do ativo em si ou pelo esforço da equipe de gestão.*

*Veja então os últimos anos de distribuição e o quão consistente foi esse retorno. Ainda assim, é necessário cuidado, pois alguns FIIs podem estar em período de RMG – Renda Mínima Garantida – ou ancorados a contratos com vencimento próximo.*

*Este passo é o mais desafiador. Muitos desistem logo aqui. Vamos nos concentrar nos fundos que compõem o IFIX no* link *abaixo:*

*http://www.b3.com.br/pt_br/market-data-e-indices/indices/indices-de-segmentos-e-setoriais/indice-fundos-de-investimentos-imobiliarios-ifix-composicao-da-carteira.htm*

*Agora, é importante você ler pelo menos dois relatórios gerenciais para cada ano de existência desses fundos. Só assim você poderá ter uma noção da história que há por trás de cada fundo imobiliário.*

*Com o código de cada fundo do IFIX em mãos, acesse o* link*:*

*http://www.b3.com.br/pt_br/produtos-e-servicos/negociacao/renda-variavel/fundos-de-investimentos/fii/fiis-listados/*

*Depois, clique no fundo a ser pesquisado, vá em "Informações Relevantes". A partir daí busque os últimos relatórios. Existe também a opção de "Documentos Anteriores", que podem ser pesquisados. Não há dúvida de que é um trabalho de formiguinha. No entanto, sua curva de aprendizagem vai ficando cada vez mais suave com o tempo.*

### 3º passo: concentre-se mais no fluxo de caixa mensal livre

*Alguns investidores assumem que os FIIs não são bons porque o volume financeiro gerado de renda mensal não tem impacto suficiente sequer para comprar uma nova cota, ou mesmo para pagar a conta de energia do mês. É um erro pensar assim. No início, os aportes com dinheiro novo têm maior relevância. Com o tempo, a força dos juros compostos fará a multiplicação do seu patrimônio e, claro, com o devido efeito previdenciário da renda passiva.*

### 4º passo: procure as melhores oportunidades ao longo do mês

*Como mencionado anteriormente, reforçamos que é importante criar bandas internas de alocação para evitar alta concentração ou FIIs que possam cair no ostracismo na sua carteira. No entanto, é possível aproveitar as oportunidades que irão surgir no decorrer do mês corrente. Talvez esta seja a maior mágica dos FIIs.*

*Em função do fluxo de caixa mensal, o investidor deve escolher os melhores ativos para receber os aportes, com a devida paciência. Os melhores ativos dentro do mês são aqueles que, por algum motivo, estejam sendo negociados a dividendos mais generosos, portanto, com preços abaixo de sua média.*

*Mês a mês, isso fará dos FIIs uma verdadeira máquina de multiplicar patrimônio e renda ao longo de sua vida de acumulação financeira.*

### 5º passo: risco, retorno e liquidez

*Os melhores investidores são aqueles que possuem bom senso na maior parte da sua vida financeira. É difícil ser racional sempre, mas é possível usar parâmetros mínimos para que as decisões sejam acertadas boa parte das vezes.*

*Os três pilares que norteiam a vida de um investidor devem ser lembrados no momento das escolhas para que os fundos imobiliários possam realmente fazer sentido. Lembre-se de que a simples comparação entre pares talvez seja a ferramenta mais acessível e eficaz no longo prazo para um investidor de sucesso.*

*Uma carteira bem estruturada oferece segurança adicional aos investidores quando as receitas são provenientes de diversas fontes diferentes. Some isso ao fato de que uma carteira de FIIs vem pagando historicamente acima dos principais* benchmarks *disponíveis, em especial do CDI, que é a principal referência do mercado.*

### *Considerações finais*

*Vale reforçar que há duas coisas que mais importam na vida de um investidor de sucesso com foco no longo prazo e que devem ser observadas com atenção ano a ano:*

- *A quantidade de cotas acumuladas.*
- *O crescimento da renda real.*

*Os investidores iniciantes devem evitar, num primeiro momento, fundos imobiliários que possuem pouco tempo de vida. Concentre-se inicialmente naqueles FIIs que possuem ao menos três anos no mercado. Não que eles sejam mais seguros ou melhores, mas pelo simples fato de ter um histórico mais consistente para um juízo de valor mais adequado.*

*Assim como acontece com uma pessoa que passa por um processo de reeducação alimentar e começa a praticar atividades físicas, o esforço inicial é grande, sobretudo pelo fato de ter de sair da zona de conforto. Sim, é mesmo muito doloroso.*

*Com o tempo, as informações vão surgindo por inércia e pela própria dinâmica do mercado. Neste sentido, as fases seguintes de fruição de renda e sucessão patrimonial serão ainda mais suaves, pois todo o conhecimento adquirido terá perenidade para manter seus investimentos com o conforto necessário.*

# GLOSSÁRIO

## Os principais termos e siglas adotados no vocabulário do mercado financeiro no Brasil

**Ação ordinária (ON):** ação que permite ao acionista participar das assembleias das empresas com capital aberto e votar nos temas propostos.

**Ação preferencial (PN):** ação sem direito a voto por parte do acionista, que, no entanto, tem a garantia de receber os dividendos estatutários ou outro benefício de acordo com a Lei das S/A ou com o estatuto da companhia.

**Análise fundamentalista:** forma de investir no mercado de ações que prioriza o retorno de longo prazo, proveniente dos lucros da atividade empresarial.

**Análise gráfica:** método para analisar o comportamento das ações no mercado tentando antecipar tendências por meio de movimentos identificados em gráficos que expressam a evolução das cotações.

**Análise técnica:** vide "Análise gráfica".

**Ativos:** todos os bens pertencentes a uma empresa, incluindo aplicações financeiras, imóveis, máquinas e equipamentos, veículos, participações em outras empresas e reservas de valor.

**Balanço patrimonial:** documento contábil que aponta tanto os bens como as dívidas de uma empresa, compreendidos como seus ativos e passivos.

**BDR:** sigla em inglês para *Brazilian Depositary Receipts*. São classes de valores mobiliários negociados no mercado brasileiro com lastros oriundos de ações estrangeiras. Investir em BDRs é uma forma de diversificar investimentos sem abrir contas em corretoras de outros países.

***Blue-chips:*** expressão oriunda dos cassinos, onde as fichas azuis possuem maior valor. Nas Bolsas equivalem às ações com maior volume de transações.

**Bonificação:** evento puramente contábil, no qual as empresas distribuem novas ações sem custo para os acionistas, conforme as quantidades de ações que eles já possuem. A cotação é ajustada na proporção inversa.

**Capital:** recurso financeiro expresso em moeda corrente. Empresas de capital aberto permitem que o público compre ações por meio do mercado de capitais. O capital de giro equivale ao dinheiro que a empresa coloca em movimento.

***Circuit Breaker:*** mecanismo automatizado que interrompe os negócios nas Bolsas de Valores sempre que os índices de referência sobem ou descem abruptamente em níveis elevados (por exemplo, 10%).

**Cotação:** preço da ação determinado pelas forças do mercado.

***Crash:*** situação de desvalorização geral e acentuada das ações, responsável pela quebra de vários agentes especuladores ou investidores.

***Day Trade:*** operação especulativa de compra e venda de ativo listado na Bolsa, realizada na mesma data.

**Debênture:** título emitido por empresas para captar recursos no mercado de capitais, com prazos e créditos determinados, sem que seus detentores se configurem como sócios delas.

**Desdobramento:** vide "Bonificação".

**Dívida Bruta/Patrimônio Líquido:** indicador fundamentalista que expressa o grau de alavancagem (endividamento) de uma empresa.

**Dividendo:** parte dos lucros auferidos pelas empresas que será repartida com seus acionistas proporcionalmente à quantidade de ações que possuem.

***Dividend Yield:*** indicador fundamentalista que representa em porcentagem a remuneração da ação dividida pela sua cotação, no prazo de 365 dias anteriores à cotação da ação. Por exemplo: no último ano a empresa distribuiu, entre dividendos e JCP, R$ 0,10 por ação. Se a ação está cotada em R$ 1,00, o *Dividend Yield* equivale a 10%.

**DRE:** sigla para Demonstração do Resultado do Exercício, documento que informa, em relação a determinado período, se uma companhia obteve lucro ou prejuízo.

**EBITDA:** sigla em inglês para *Earnings Before Interests, Taxes, Depreciation and Amortizations*, que, na sua tradução literal, significa Lucro Antes dos Juros, Impostos, Depreciação e Amortização. Tal indicador fundamentalista também pode ser chamado de LAJIDA.

**ETF:** sigla para *Exchange Traded Funds*, que em português soaria como FNB ou Fundos Negociados em Bolsa. Tais fundos relacionados aos índices, como o Ibovespa, são negociados como ações.

**FIIs:** sigla para Fundos de Investimento Imobiliário.

**Fluxo de caixa:** valor financeiro líquido de capital e seus equivalentes monetários que são transacionados – entrada e saída – por um negócio em um determinado período de tempo.

**Futuro:** tipo de negociação com prazos e condições pré-determinados, visando à garantia de preços mínimos e protegidos da volatilidade do mercado.

***Hedge:*** operação financeira que busca a mitigação de riscos relacionados com as variações excessivas de preços dos ativos disponíveis no mercado.

**JCP (JSCP):** sigla para Juros Sobre Capital Próprio – uma forma alternativa aos dividendos para as empresas remunerarem seus acionistas, com retenção de impostos na fonte, reduzindo a carga tributária das empresas de forma legal.

***Joint-venture:*** aliança entre empresas com vistas a empreendimentos ou projetos específicos de grande porte.

**Liquidez corrente:** indicador fundamentalista que expressa a relação entre o ativo circulante e o passivo circulante, demonstrando a capacidade da empresa em honrar compromissos no curto prazo.

**Lote:** no mercado financeiro brasileiro, o lote equivale a 100 ações como quantidade mínima ideal para compra e venda na Bolsa. Quando um lote é quebrado, as ações são negociadas no mercado fracionário, caso em que algumas corretoras de valores cobram taxas diferenciadas.

**LPA:** indicador fundamentalista que expressa o Lucro Por Ação.

**Margem bruta:** indicador fundamentalista que expressa o lucro bruto dividido pela receita líquida.

**Margem líquida:** indicador fundamentalista que expressa a relação entre o lucro líquido e a receita líquida.

**Minoritários:** investidores que adquirem ações em quantidades relativamente baixas, que impedem a sua participação na gestão das empresas.

**Opção (OPC ou OTC):** tipo de negociação que garante direito futuro de opção de compra ou de venda com preço pré-determinado.

**Ordem:** determinação de compra ou venda de ativo no mercado de capitais, que o aplicador comunica à sua corretora de valores para execução.

**Papel:** equivalente a ação (termo que fazia mais sentido quando as ações eram impressas e entregues ao portador).

**Passivos:** componentes contábeis das empresas, que representam seus compromissos, obrigações, dívidas e despesas circulantes e não circulantes, como salários de funcionários, empréstimos, tributos, dívidas com fornecedores.

**P/Ativos:** indicador fundamentalista que expressa a relação entre o Preço da ação e os Ativos totais por ação.

**Patrimônio líquido:** valor financeiro resultante da diferença entre os ativos e os passivos de uma empresa.

**P/Capital de Giro:** indicador fundamentalista que expressa a relação entre o Preço da ação e o Capital de Giro por ação, que por sua vez significa a diferença entre o ativo circulante e o passivo circulante da empresa.

**PL (P/L):** indicador fundamentalista para a relação entre Preço e Lucro, representando a cotação da ação no mercado dividida pelo seu lucro por ação.

**Posição:** situação do acionista em determinada empresa, fundo imobiliário ou ativo correlato. Quando um investidor zera a sua posição numa empresa ou num fundo imobiliário, por exemplo, significa que ele vendeu todas as suas ações ou cotas.

**Pregão:** período de negociações na Bolsa de Valores com negócios realizados eletronicamente. Antigamente, os pregões eram presenciais.

**PSR:** indicador fundamentalista cuja sigla em inglês indica *Price Sales Ratio* e equivale ao preço da ação dividido pela receita líquida por ação.

**P/VP:** indicador fundamentalista que expressa a relação entre o Preço da ação e o Valor Patrimonial da ação.

**Realizar lucros:** vender ações para converter as valorizações em capital disponível para outros fins.

**Resistência:** valor historicamente mais alto atingido pela cotação de determinada ação.

**ROE:** sigla em inglês para *Return On Equity*. Também é conhecido no Brasil como RPL, ou seja, Retorno sobre o Patrimônio Líquido. Essa métrica indica o quanto uma empresa é rentável, mostrando o lucro líquido dividido pelo seu patrimônio líquido.

**ROIC:** sigla em inglês para *Return On Invested Capital*, que em português significa Retorno Sobre o Capital Investido, ou seja, o capital próprio da empresa somado ao capital de terceiros.

**SA (S/A):** sigla para Sociedade Anônima, comum nas razões sociais das empresas de capital aberto.

***Small Caps:*** empresas de porte menor se comparadas com as *Blue Chips*, com baixo volume diário de negociações e pouca liquidez no mercado.

***Stop Loss:*** ordem de venda automatizada de uma ação, pré-determinada pelo aplicador junto à corretora de valores, para evitar perdas com quedas excessivas das cotações.

***Stop Gain:*** ordem de venda automatizada de uma ação, pré-determinada pelo aplicador junto à corretora de valores, para realizar lucros.

**Subscrição:** situação que ocorre quando as empresas oferecem novas ações preferencialmente para seus acionistas. O mesmo se aplica aos fundos imobiliários em relação aos seus cotistas.

***Swing Trade:*** operação especulativa de compra e venda de ativo listado na Bolsa, realizada em prazos curtos, que variam de três dias até algumas semanas.

***Tag Along:*** mecanismo de proteção concedido aos acionistas minoritários por um empreendimento que possui suas ações negociadas na Bolsa de Valores, caso ocorra um processo de venda do controle para terceiros, por parte dos acionistas majoritários.

**Termo:** tipo de negócio realizado com pagamento a prazo.

***Ticker:*** código pelo qual os ativos são negociados em Bolsas de Valores. Por exemplo, TIET3 é o código da ação ordinária da Geradora Tietê. TIET4 é o código da ação preferencial da mesma empresa e TIET11 é o código das suas *Units*. Já o BDR do Google usa o código GOOG35.

***Underwrite:*** ato do investidor de subscrever ações ofertadas pelas empresas.

***Units:*** ativos compostos por mais de uma classe de valores mobiliários, como, por exemplo, um conjunto de ações ordinárias e preferenciais.

***Valuation:*** conjunto de ponderações técnicas e subjetivas para avaliar uma empresa ou fundo imobiliário, visando encontrar o valor justo de suas ações ou cotas, bem como seu potencial de retorno para investidores.

**VPA:** indicador fundamentalista que expressa o Valor Patrimonial por Ação, ou seja: o valor do patrimônio líquido dividido pelo número total de ações.

**Envie seus comentários construtivos:**

contato@sunoresearch.com.br

**Leia também:**

*Guia Suno Dividendos*

*Guia Suno de Contabilidade para Investidores*

Projeto Guias Suno: Tiago Reis
Edição de texto e organização deste volume: Jean Tosetto
Editor: Fabio Humberg
Foto e conceito da capa: Jean Tosetto
Diagramação: Alejandro Uribe
Revisão: Humberto Grenes

**Dados Internacionais de Catalogação na Publicação (CIP)**
**(Câmara Brasileira do Livro, SP, Brasil)**

Baroni, Marcos
Guia Suno fundos imobiliários : introdução sobre investimentos seguros e rentáveis / Marcos Baroni & Danilo Bastos. -- São Paulo : Editora CLA Cultural, 2019.

ISBN 978-65-5012-017-7

1. Educação financeira 2. Fundos de investimentos imobiliários 3. Mercado de capitais I. Bastos, Danilo. II. Título.

19-30240 CDD-332.6324

**Índices para catálogo sistemático:**

1. Fundos imobiliários : Investimentos : Economia financeira 332.6324

(Maria Paula C. Riyuzo - Bibliotecária - CRB-8/7639)

Grafia atualizada segundo o Acordo Ortográfico da Língua Portuguesa de 1990, que entrou em vigor no Brasil em 1º de janeiro de 2009.

Editora CL-A Cultural Ltda.
Tel: (11) 3766-9015
editoracla@editoracla.com.br
www.editoracla.com.br